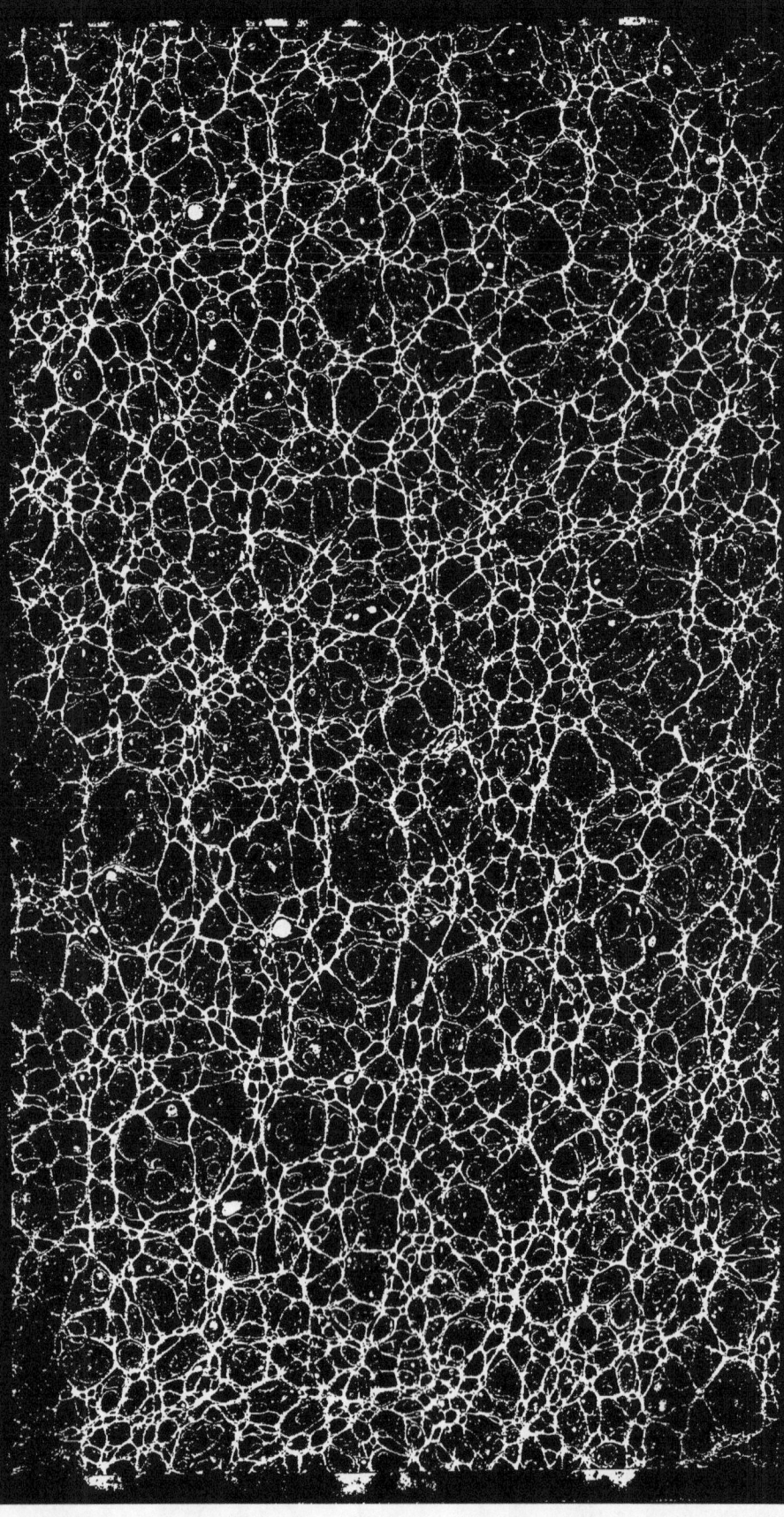

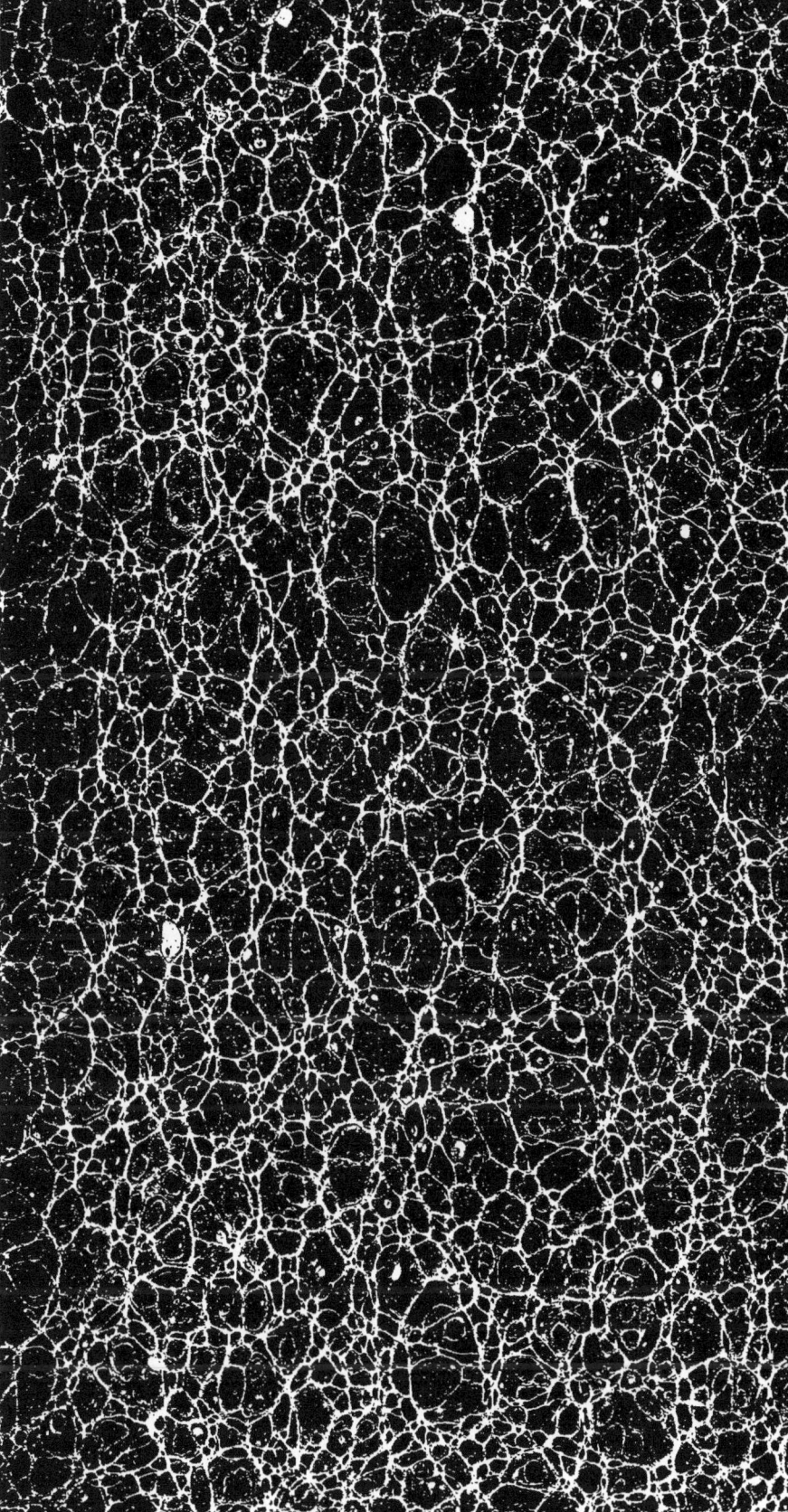

LA PETITE
FADETTE.

En vente chez les mêmes éditeurs.

ALEXANDRE DUMAS.

LE COMTE DE MONTE-CRISTO, 2ᵉ édition	12 vol. 60 fr.	»
LES TROIS MOUSQUETAIRES, —	8 vol. 40	»
VINGT ANS APRÈS (suite des *Trois Mousquetaires*), 2ᵉ édit.	8 vol. 40	»
LA REINE MARGOT, 2ᵉ édit.	6 vol. 30	»
LE VICOMTE DE BRAGELONNE, tomes 1 à 14	14 vol. 84	»

LOUIS REYBAUD.

JÉRÔME PATUROT A LA RECHERCHE DE LA MEILLEURE DES RÉPUBLIQUES	4 vol. 20	»
ÉDOUARD MONGERON	5 vol. 25	»
LE COQ DU CLOCHER	2 vol. 10	»
CÉSAR FALEMPIN	2 vol. 10	»
PIERRE MOUTON	2 vol. 10	»
LE DERNIER DES COMMIS-VOYAGEURS (épuisé)	2 vol. »	»
MARIE BRONTIN OU LA CONSPIRATION DE BABOEUF (sous presse)	2 vol. 12	»

JULES JANIN.

LE CHEMIN DE TRAVERSE	1 vol. 3	50
LA RELIGIEUSE DE TOULOUSE (*sous presse*)	2 vol. 15	»
LA VIE LITTÉRAIRE (»)	2 vol. 15	»

PROSPER MÉRIMÉE.

CARMEN	1 vol. 6	»

JULES SANDEAU.

MADELEINE	1 vol. 6	»
MADEMOISELLE DE LA SEIGLIÈRE	2 vol. 12	»
UN HÉRITAGE	2 vol. 12	»
LA CHASSE AU ROMAN	2 vol. 12	»

Mᵐᵉ CHARLES REYBAUD.

GÉRALDINE	2 vol. 10	»
LES DEUX MARGUERITE	2 vol. 12	»
SANS DOT	2 vol. 12	»
LE CADET DE COLOBRIÈRES	2 vol. 12	»
FÉLISE (sous presse)	2 vol. 12	»
CLÉMENTINE (sous presse)	2 vol. 12	»

CHARLES DIDIER.

ROME SOUTERRAINE	2 vol. 10	»
ROMANS DU MAROC	4 vol. 10	»

ARSÈNE HOUSSAYE.

MADAME DE FAVIÈRES	2 vol. 5	»

ÉDOUARD CORBIÈRE.

PELAIO	2 vol. 5	»

MÉMOIRES DE CAUSSIDIÈRE, ex préfet de police	2 vol. 12	»
MÉMOIRES DE MADEMOISELLE FLORE, des Variétés, écrits par elle-même (2ᵉ édit.)	3 vol. 12	»

LA PETITE
FADETTE

PAR

GEORGE SAND.

PARIS.
MICHEL LÉVY FRÈRES, LIBRAIRES-ÉDITEURS
RUE VIVIENNE, 1.

1849

PRÉFACE.

PRÉFACE.

Et tout en parlant de la République que nous rêvons et de celle que nous subissons, nous étions arrivés à l'endroit du chemin ombragé, où le serpolet invite au repos. — Te souviens-tu, me dit-il, que nous passions ici, il y a un an, et que nous nous y sommes arrêtés tout un soir? Car c'est ici que tu me racontas l'histoire du *Champi*, et que je te conseillai de l'écrire dans le style familier dont tu t'étais servi avec moi.

— Et que j'imitais de la manière de notre *Chanvreur*? Je m'en souviens, et il me semble que depuis ce jour-là, nous avons vécu dix ans.

— Et pourtant la nature n'a pas changé, reprit mon ami : la nuit est toujours pure, les étoiles brillent toujours, le thym sauvage sent toujours bon.

— Mais les hommes ont empiré, et nous comme les autres. Les bons sont devenus faibles, les faibles poltrons, les poltrons lâches, les généreux téméraires, les sceptiques pervers, les égoïstes féroces.

— Et nous, dit-il, qu'étions-nous, et que sommes-nous devenus?

— Nous étions tristes, nous sommes devenus malheureux, lui répondis-je.

Il me blâma de mon découragement et voulut me prouver que les révolutions ne sont point des lits de roses. Je le savais bien et ne m'en souciais guère, quant à moi; mais il voulut aussi me prouver que l'école du malheur était bonne et développait des forces que le calme finit par engourdir. Je n'étais point de son avis dans ce moment-là; je ne pouvais pas si aisément prendre mon parti sur les mauvais instincts, les mauvaises passions, et les mauvaises actions que les révolutions font remonter à la surface. Un peu de gêne et de surcroît de travail peut être fort salutaire aux gens de notre condition, lui disais-je ; mais un surcroît de misère c'est la mort du pauvre. Et puis, mettons de côté la souffrance matérielle : il y a, dans l'humanité, à l'heure qu'il est, une souffrance morale qui ne peut rien amener de bon. Le méchant souffre, et la souffrance du méchant c'est la rage ; le juste souffre, et la souffrance du juste, c'est le martyre auquel peu d'hommes survivent.

— Tu perds donc la foi ? me demanda mon ami scandalisé.

— C'est le moment de ma vie, au contraire, lui dis-je, où j'ai eu le plus de foi à l'avenir des idées, à la bonté de Dieu, aux destinées de la révolution. Mais la foi compte par siècles ; et l'idée embrasse le temps et l'espace, sans tenir compte des jours et des heures ; et nous, pauvres humains, nous comptons les instants de notre rapide passage, et nous en savourons la joie ou l'amertume sans pouvoir nous défendre de vivre par le cœur et par la pensée avec nos contemporains. Quand ils s'égarent, nous sommes troublés; quand ils se perdent, nous désespérons; quand ils souffrent, nous ne pouvons être tranquilles et heureux. La nuit est belle, dis-tu, et les étoiles brillent. Sans doute, et cette sénérité des cieux et de la terre est l'image de l'impérissable vérité dont les hommes ne peuvent tarir ni troubler la source divine. Mais, tandis que nous contemplons l'éther et les astres, tandis que nous respirons le parfum des plantes sauvages, et que la nature chante autour de nous son éternelle idylle, on étouffe, on languit, on pleure, on râle, on expire dans les mansardes et dans les cachots. Jamais la race humaine n'a fait entendre une plainte plus sourde, plus rauque, et plus menaçante. Tout cela passera et l'avenir est à nous, je le sais; mais le présent nous décime. Dieu règne toujours; mais, à cette heure, il ne gouverne pas.

— Fais un effort pour sortir de cet abattement, me dit mon ami. Songe à ton art et tâche de retrouver quelque charme pour toi-même dans les loisirs qu'il t'impose.

— L'art est comme la nature, lui dis-je : il est toujours beau. Il est comme Dieu qui est toujours bon; mais, il est des temps où il se contente d'exister à l'état d'abstraction, sauf à se manifester plus tard quand ses adeptes en seront dignes. Son souffle ranimera alors les lyres longtemps muettes ; mais pourra-t-il faire vibrer celles qui se seront brisées dans la tempête ? L'art est aujourd'hui en travail de décomposition pour une éclosion nouvelle. Il est comme toutes les choses humaines, en temps de révolution, comme les plantes qui meurent en hiver pour renaître au printemps. Mais le mauvais temps fait périr beaucoup de germes. Qu'importent dans la nature quelques fleurs ou quelques fruits de moins ? Qu'importent dans l'humanité quelques voix éteintes, quelques cœurs glacés par la douleur ou par la mort ? Non, l'art ne saurait me consoler de ce que souffrent aujourd'hui sur la terre la justice et la vérité. L'art vivra bien sans nous. Superbe et immortel comme la poésie, comme la nature, il sourira toujours sur nos ruines. Nous qui traversons ces jours néfastes, avant d'être artistes, tâchons d'être hommes; nous avons bien autre chose à déplorer que le silence des muses.

— Écoute le chant du labourage, me dit mon ami; celui-là, du moins, n'insulte à aucune douleur, et il y a peut-être plus de mille ans que le bon vin de nos campagnes *sème et consacre*, comme les sorcières de Faust, sous l'influence de cette cantilène simple et solennelle.

J'écoutai le récitatif du laboureur, entrecoupé de longs silences ; j'admirai la variété infinie que le grave caprice de son improvisation imposait au vieux thème sacramentel. C'était comme une rêverie de la nature elle-même, ou comme une mystérieuse formule par laquelle la terre proclamait chaque phase de l'union de sa force avec le travail de l'homme.

La rêverie où je tombai moi-même, et à laquelle ce chant vous dispose par une irrésistible fascination, changea le cours de mes idées. — Ce que tu me disais ici, l'an dernier, est bien certain, dis-je à mon ami. La poésie est quelque chose de plus que les poëtes, c'est en dehors d'eux, au-dessus d'eux. Les révolutions n'y peuvent rien. O prisonniers ! ô agonisants ! captifs et vaincus de toutes les nations, martyrs de tous les progrès ! Il y aura toujours dans le souffle de l'air que la voix humaine fait vibrer, une harmonie bienfaisante qui pénétrera vos âmes d'un religieux soulagement. Il n'en faut même pas tant ; le chant de l'oiseau, le bruissement de l'insecte, le murmure de la brise, le silence même de la nature, toujours entrecoupé de quelques mystérieux sons d'une indicible éloquence. Si ce langage furtif peut arriver jusqu'à votre oreille, ne fût-ce qu'un instant, vous échappez par la pensée au joug cruel de l'homme, et votre âme plane librement dans la création. C'est là que règne ce charme souverain qui est véritablement la possession commune, dont le pauvre jouit souvent plus que le riche, et qui se révèle à la victime plus volontiers qu'au bourreau.

— Tu vois bien, me dit mon ami, que, tout affligés et malheureux que nous sommes, on ne peut nous ôter cette douceur d'aimer la nature, et de nous reposer dans sa poésie. Eh bien, puisque nous ne pouvons plus donner que cela aux malheureux, faisons encore de l'art comme nous l'entendions naguère, c'est-à-dire célébrons tout doucement cette poésie si douce; exprimons-la, comme le suc d'une plante bienfaisante, sur les blessures de l'humanité. Sans doute, il y aurait dans la recherche des vérités applicables à son salut matériel, bien d'autres remèdes à trouver. Mais d'autres que nous s'en occuperont mieux que nous ; et comme la question vitale immédiate de la société est une question de fait en ce moment, tâchons d'adoucir la fièvre de l'action en nous et dans les autres par quelque innocente distraction. Si nous étions à Paris nous ne nous reprocherions pas d'aller écouter de temps en temps de la musique pour nous rafraîchir l'âme. Puisque nous voici aux champs, écoutons la musique de la nature.

—Puisqu'il en est ainsi, dis-je à mon ami, revenons à nos moutons, c'est-à-dire à nos bergeries. Te souviens-tu qu'avant la révolution, nous philosophions précisément sur l'attrait qu'on éprouvé de tout temps les esprits fortement frappés des malheurs publics, à se rejeter dans les rêves de la pastorale, dans un certain idéal de la vie champêtre d'autant plus naïf et plus enfantin que les mœurs étaient plus brutales et les pensées plus sombres dans le monde réel?

— C'est vrai, et jamais je ne l'ai mieux senti. Je t'avoue que je suis si las de tourner dans un cercle vicieux en politique, si ennuyé d'accuser la minorité qui gouverne, pour être forcé tout aussitôt de reconnaître que cette minorité est l'élue de la majorité, que je voudrais oublier tout cela, ne fût-ce que pendant une soirée, pour écouter ce paysan qui chantait tout à l'heure, ou toi-même, si tu voulais me dire un de ces contes que le chanvreur de ton village t'apprend durant les veillées d'automne.

— Le laboureur ne chantera plus d'aujourd'hui, répondis-je, car le soleil est couché et le voilà qui rentre ses bœufs, laissant l'arçon dans le sillon. Le chanvre trempe encore dans la rivière, et ce n'est pas même le temps où on le dresse en javelles, qui ressemblent à de petits fantômes rangés en bataille au clair de la lune, le long des enclos et des chaumières. Mais je connais le chanvreur; il ne demande qu'à raconter des histoires, et il ne demeure pas loin d'ici. Nous pouvons bien aller l'inviter à souper; et, pour n'avoir point broyé depuis longtemps, pour n'avoir point avalé de poussière, il n'en sera que plus disert et de plus longue haleine.

— Eh bien, allons le chercher, dit mon ami, tout réjoui d'avance; et demain tu écriras son récit pour faire suite avec la *Mare au diable*, et *François le Champi*, à une série de contes villageois, que nous intitulerons classiquement *les Veillées du Chanvreur*.

— Et nous dédierons ce recueil à nos amis prisonniers; puisqu'il nous est défendu de leur parler politique, nous ne pouvons que leur faire des contes pour les distraire ou les endormir. Je dédie celui-ci en particulier, à Armand...

— Inutile de le nommer, reprit mon ami : on verrait un sens caché dans ton apologue, et on découvrirait là-dessous quelque abominable conspiration. Je sais bien qui tu veux dire, et il le saura bien aussi, *lui*, sans que tu traces seulement la première lettre de son nom.

Le chanvreur ayant bien soupé, et voyant à sa droite un grand pichet de vin blanc, à sa gauche un pot de tabac pour charger sa pipe à discrétion toute la soirée, nous raconta l'histoire suivante :

Septembre 1848, à Nohant.

I.

I

Le père Barbeau de la Cosse n'était pas mal dans ses affaires, à preuve qu'il était du conseil municipal de sa commune. Il avait deux champs qui lui donnaient la nourriture de sa famille, et du profit par-dessus le marché. Il cueillait dans ses prés du foin à pleins charrois, et, sauf celui qui était au bord du ruisseau, et qui était un peu ennuyé par le jonc, c'était du fourrage connu dans l'endroit pour être de première qualité.

La maison du père Barbeau était bien bâtie, couverte en tuile, établie en bon air sur la côte, avec un jardin de bon rapport, et une vigne de six journaux. Enfin il avait, derrière sa grange, un beau verger, que nous appelons chez nous une ouche, où le fruit abondait tant en prunes qu'en guignes, en poires et en cormes. Mêmement les noyers de ses bordures étaient les plus vieux et les plus gros de deux lieues aux entours.

Le père Barbeau était un homme de bon courage, pas méchant, et très-porté pour sa famille, sans être injuste à ses voisins et paroissiens.

Il avait déjà trois enfants, quand la mère Barbeau, voyant sans doute qu'elle avait assez de bien pour cinq, et qu'il fallait se dépêcher, parce que l'âge lui venait, s'avisa de lui en donner deux à la fois, deux beaux garçons ; et, comme ils étaient si pareils qu'on ne pouvait presque pas les distinguer l'un de l'autre, on reconnut bien vite que c'était deux bessons, c'est-à-dire deux jumeaux d'une parfaite ressemblance.

La mère Sagette qui les reçut dans son tablier comme ils venaient au monde, n'oublia pas de faire au premier né une petite croix sur le bras avec son aiguille, parce que, disait-elle, un bout de ruban ou un collier peut se confondre et faire perdre le droit d'aînesse. Quand l'enfant sera plus fort, dit-elle, il faudra lui faire une marque qui ne puisse jamais s'effacer ; à quoi l'on ne manqua pas. L'aîné fut nommé Sylvain, dont on fit bientôt Sylvinet, pour le distinguer de son frère aîné, qui lui avait servi de parrain ; et le cadet fut appelé Landry, nom qu'il garda comme il l'avait reçu au baptême : parce que son oncle, qui était son parrain, avait gardé de son jeune âge la coutume d'être appelé Landriche.

Le père Barbeau fut un peu étonné, quand il revint du marché, de voir deux petites têtes dans le berceau. — Oh, oh, fit-il, voilà un berceau qui est trop étroit. Demain matin, il me faudra l'agrandir. Il était un peu menuisier de ses mains, sans avoir appris, et il avait fait la moitié de ses meubles. Il ne s'étonna pas autrement et alla soigner sa femme qui but un grand verre de vin chaud, et ne s'en porta que mieux. « Tu travailles si bien, ma femme, lui dit-il, que ça doit me donner du courage. Voilà deux enfants de plus à nourrir, dont nous n'avions pas absolument besoin ; ça veut dire qu'il ne faut pas que je me repose de cultiver nos terres et d'élever nos bestiaux. Sois tranquille ; on travaillera ; mais ne m'en donne pas trois la prochaine fois, car ça serait trop. »

La mère Barbeau se prit à pleurer, dont le père Barbeau se mit fort en peine. « Bellement, bellement, dit-il, il ne faut te chagriner, ma bonne femme. Ce n'est pas par manière de reproche que je t'ai dit cela; mais par manière de remercîment, bien au contraire. Ces deux enfants-là sont beaux et bien fait; ils n'ont point de défauts sur le corps, et j'en suis content.

— Alas! mon Dieu, dit la femme, je sais bien que vous ne me les reprochez pas, notre maître; mais moi j'ai du souci, parce qu'on m'a dit qu'il n'y avait rien de plus chanceux et de plus malaisé à élever que des bessons. Ils se font tort l'un à l'autre, et, presque toujours, il faut qu'un des deux périsse pour que l'autre se porte bien.

— Oui-da! dit le père: est-ce la vérité? Tant qu'à moi, ce sont les premiers bessons que je vois. Le cas n'est point fréquent. Mais voici la mère Sagette qui a de la connaissance là-dessus, et qui va nous dire ce qui en est.

La mère Sagette étant appelée, répondit :
« Fiez-vous à moi : ces deux bessons-là vivront bel et bien, et ne seront pas plus malades que d'autres enfants. Il y a cinquante ans que je fais le métier de sage-femme, et que je vois naître, vivre, ou mourir tous les enfants du canton. Ce n'est donc pas la première fois que je reçois des jumeaux. D'abord, la ressemblance ne fait rien à leur santé. Il y en a qui ne se ressemblent pas plus que vous et moi, et souvent il arrive que l'un est fort et l'autre faible; ce qui fait que l'un vit et que l'autre meurt; mais regardez les vôtres, ils sont chacun aussi beau et aussi bien corporé que s'il était fils unique. Ils ne se sont donc pas fait dommage l'un à l'autre dans le sein de leur mère; ils sont venus

à bien tous les deux sans trop la faire souffrir et sans souffrir eux-mêmes. Ils sont jolis à merveille et ne demandent qu'à vivre. Consolez-vous donc, mère Barbeau, ça vous sera un plaisir de les voir grandir; et, s'ils continuent, il n'y aura guère que vous et ceux qui les verront tous les jours, qui pourrez faire entre eux une différence; car je n'ai jamais vu deux bessons si pareils. On dirait deux petits perdreaux sortant de l'œuf. C'est si gentil et si semblable, qu'il n'y a que la mère-perdrix qui les reconnaisse.

— A la bonne heure! fit le père Barbeau en se grattant la tête; mais j'ai ouï dire que les bessons prenaient tant d'amitié l'un pour l'autre, que quand ils se quittaient ils ne pouvaient plus vivre, et qu'un des deux, tout au moins, se laissait consumer par le chagrin jusqu'à en mourir.

—C'est la vraie vérité, dit la mère Sagette; mais écoutez ce qu'une femme d'expérience va vous dire. Ne le mettez pas en oubliance; car, dans le temps où vos enfants seront en âge de se quitter, je ne serai peut-être plus de ce monde pour vous conseiller. Faites attention, dès que vos bessons commenceront à se reconnaître, de ne pas les laisser toujours ensemble. Emmenez l'un au travail pendant que l'autre gardera la maison. Quand l'un ira pêcher, envoyez l'autre à la chasse; quand l'un gardera les moutons, que l'autre aille voir les bœufs au pacage; quand vous donnerez à l'un du vin à boire, donnez à l'autre un verre d'eau, et réciproquement. Ne les grondez point ou ne les corrigez point tous les deux en même temps; ne les habillez pas de même; quand l'un aura un chapeau, que l'autre ait une casquette, et que surtout leurs blouses ne soient pas du même bleu. Enfin, par tous les moyens que vous pourrez imaginer, empêchez-les de se confondre l'un avec l'autre et de s'accoutumer à ne pas se passer l'un de l'autre. Ce que je vous dis là, j'ai grand'-peur que vous ne le mettiez dans l'oreille du chat; mais si vous ne le faites, vous vous en repentirez grandement un jour.

La mère Sagette parlait d'or et on la crut. On lui promit de faire comme elle disait, et on lui fit un beau présent avant de la renvoyer. Puis, comme elle avait bien recommandé que les bessons ne fussent point nourris du même lait, on s'enquit vitement d'une nourrice.

Mais il ne s'en trouva point dans l'endroit. La mère Barbeau, qui n'avait pas compté sur deux enfants, et qui avait nourri elle-même tous les autres, n'avait pas pris ses précautions à l'avance. Il fallut que le père Barbeau partît pour chercher cette nourrice dans les environs; et pendant ce temps, comme la mère ne pouvait pas laisser pâtir ses petits, elle leur donna le sein à l'un comme à l'autre.

Les gens de chez nous ne se décident pas vite, et, quelque riche qu'on soit, il faut toujours un peu marchander. On savait que les Barbeau avaient de quoi payer, et on pensait que la mère, qui n'était plus de la première jeunesse, ne pourrait point garder deux nourrissons sans s'épuiser. Toutes les nourrices que le père Barbeau put trouver lui demandèrent donc 18 livres par mois, ni plus ni moins qu'à un bourgeois.

Le père Barbeau n'aurait voulu donner que 12 ou 15 livres, estimant que c'était beaucoup pour un paysan. Il courut de tous les côtés et disputa un peu sans rien conclure. L'affaire ne pressait pas beaucoup; car deux enfants si petits ne pouvaient pas encore fatiguer la mère, et ils étaient si bien portants, si tranquilles, si peu braillards l'un et l'autre, qu'ils ne faisaient presque pas plus d'embarras qu'un seul dans la maison. Quand l'un dormait, l'autre dormait aussi. Le père avait arrangé le berceau, et quand ils pleuraient tous deux à la fois on les berçait et on les apaisait en même temps.

Enfin le père Barbeau fit arrangement avec une nourrice pour 15 livres, et il ne se tenait plus qu'à cent sous d'épingles, lorsque sa femme lui dit : Bah ! notre maître, je ne vois pas pourquoi nous allons dépenser 180 ou 200 livres par an, comme si nous étions des messieurs et dames, et comme si j'étais hors d'âge pour nourrir mes enfants. J'ai plus de lait qu'il n'en faut pour cela. Ils ont déjà un mois, nos garçons, et voyez s'ils ne sont en bon état ! La Merlaude que vous voulez donner pour nourrice à un des deux n'est pas moitié si forte et si saine que moi; son lait a déjà dix-huit mois, et ce n'est pas ce qu'il faut à un enfant si jeune. La Sagette nous a dit de ne pas nourrir nos bessons du même lait, pour les empêcher de prendre trop d'amitié l'un pour l'autre, c'est vrai qu'elle l'a dit ; mais n'a-t-elle pas dit aussi qu'il fallait les soigner également bien, parce que, après tout, les bessons n'ont pas la vie tout-à-fait aussi forte que les autres enfants? J'aime mieux que les nôtres s'aiment trop, que s'il faut sacrifier l'un à l'autre. Et puis, lequel des deux mettrons-nous en nourrice? Je vous confesse que j'aurais autant de chagrin à me séparer de l'un comme de l'autre. Je peux dire que j'ai bien aimé tous mes enfants, mais, je ne sais comment la chose fait, m'est avis que ceux-ci sont encore les plus mignons et les plus gentils que j'aie portés dans mes bras. J'ai pour eux un je ne sais quoi qui me fait toujours craindre de les perdre. Je vous en prie, mon mari, ne pensez plus à cette nourrice ; nous ferons pour le reste tout ce que la Sagette a recommandé. Comment voulez-vous que des enfants à la mamelle se prennent de trop grande amitié, quand c'est tout au plus s'ils connaîtront leurs mains d'avec leurs pieds quand ils seront en sevrage ?

— Ce que tu dis là n'est pas faux, ma femme, répondit le père Barbeau en regardant sa femme qui était encore fraîche et forte comme on en voit peu ; mais si, pourtant à mesure que ces enfants grossiront, ta santé venait à dépérir ?

— N'ayez peur, dit la Barbeaude, je me sens d'aussi bon appétit que si j'avais quinze ans; et d'ailleurs, si je sentais que je m'épuise, je vous promets que je ne vous le cacherais pas, et il serait toujours temps de mettre un de ces pauvres enfants hors de chez nous.

Le père Barbeau se rendit, d'autant plus qu'il aimait bien autant ne pas faire de dépense inutile. La mère Barbeau nourrit ses bessons sans se plaindre et sans souffrir, et même elle était d'un si beau naturel que, deux ans après le sevrage de ses petits, elle mit au monde une jolie petite fille qui eut nom Nanette, et qu'elle nourrit aussi elle-même. Mais c'était un peu trop, et elle eût eu peine à en venir à bout, si sa fille aînée qui était à son premier enfant, ne l'eût soulagée de temps en temps, en donnant le sein à sa petite sœur.

De cette manière, toute la famille grandit et grouilla bientôt au soleil, les petits oncles et les petites tantes avec les petits neveux et les petites nièces, qui n'avaient pas à se reprocher d'être beaucoup plus turbulents ou plus raisonnables les uns que les autres.

II

Les bessons croissaient à plaisir sans être malades plus que d'autres enfants, et mêmement ils avaient le tempérament si doux et si bien façonné qu'on eût dit qu'ils ne souffraient point de leurs dents ni de leur croît, autant que le reste du petit monde.

Ils étaient blonds et restèrent blonds toute leur vie. Ils avaient tout à fait bonne mine, de grands yeux bleus, les épaules bien avalées, le corps droit et bien planté, plus de taille et de hardiesse que tous ceux de leur âge, et tous les gens des alentours qui passaient par le bourg de la Cosse, s'arrêtaient pour les regarder, pour s'émerveiller de leur retirance, et chacun s'en allait disant : C'est tout de même une jolie paire de gars.

Cela fut cause que, de bonne heure, les bessons s'accoutumèrent à être examinés et questionnés, et à ne point devenir honteux et sots en grandissant. Ils étaient à leur aise avec tout le monde, et, au lieu de se cacher derrière les buissons, comme font les enfants de chez nous quand ils aperçoivent un étranger, ils affrontaient le premier venu, mais toujours très-honnêtement, et répondaient à tout ce qu'on leur demandait, sans baisser la tête et sans se faire prier. Au premier moment, on ne faisait point entre eux de différence et on croyait voir un œuf et un œuf. Mais, quand on les avait observés un quart-d'heure, on voyait que Landry était une miette plus grand et plus fort, qu'il avait le cheveu un peu plus épais, le nez plus fort et l'œil plus vif. Il avait aussi le front plus large et l'air plus décidé, et mêmement un signe que son frère avait à la joue droite, il l'avait à la joue gauche et beaucoup plus marqué. Les gens de l'endroit les reconnaissaient donc bien ; mais cependant il leur fallait un petit moment, et, à la tombée de la nuit, ou à une petite distance, ils s'y trompaient quasi tous, d'autant plus que ces bessons avaient la voix toute pareille, et, que comme ils savaient bien qu'on pouvait les confondre, ils répondaient au nom l'un de l'autre sans se donner la peine de vous avertir de la méprise. Le père Barbeau lui-même s'y embrouillait quelquefois. Il n'y avait, ainsi que la Sagette l'avait annoncé, que la mère qui ne s'y embrouillât jamais, fût-ce à la grande nuit, ou du plus loin qu'elle pouvait les voir venir ou les entendre parler.

En fait, l'un valait l'autre, et si Landry avait une idée de gaîté et de courage de plus que son aîné. Sylvinet était si amiteux et si fin d'esprit qu'on ne pouvait pas l'aimer moins que son cadet. On pensa bien, pendant trois mois, à les empêcher de trop s'accoutumer l'un à l'autre. Trois mois, c'est beaucoup en campagne, pour observer une chose contre la coutume. Mais, d'un côté, on ne voyait point que cela fît grand effet; d'autre part, M. le curé avait dit que la mère Sagette était une radoteuse et que ce que le bon Dieu avait mis dans les lois de nature ne pouvait être défait par les hommes. Si bien qu'on oublia peu à peu tout ce qu'on s'était promis de faire. La première fois qu'on leur ôta leur fourreau pour les conduire à la messe en culottes, ils furent habillés du même drap, car ce fut un jupon de leur mère qui servit pour les deux habillements, et la façon fut la même, le tailleur de la paroisse n'en connaissant point deux.

Quand l'âge leur vint, on remarqua qu'ils avaient le même goût pour la couleur, et quand leur tante Rosette voulut leur faire cadeau à chacun d'une cravatte, à la nouvelle année, ils choisirent tous deux la même cravate lilas, au mercier colporteur qui promenait sa marchandise de porte en porte sur le dos de son cheval percheron. La tante leur demanda si c'était pour l'idée qu'ils avaient d'être toujours habillés l'un comme l'autre. Mais les bessons n'en cherchaient pas si longs; Sylvinet répondit que c'était la plus jolie couleur et le plus joli dessin de cravate qu'il y eût dans tout le ballot du mercier, et de suite Landry assura que toutes les autres cravates étaient vilaines.

— Et la couleur de mon cheval, dit le

marchand en souriant, comment la trouvez-vous ?

— Bien laide, dit Landry. Il ressemble à une vieille pie.

— Tout à fait laide, dit Salvynet. C'est absolument une pie mal plumée.

— Vous voyez bien, dit le mercier à la tante, d'un air judicieux, que ces enfants-là ont la même vue. Si l'un voit jaune ce qui est rouge, aussitôt l'autre verra rouge ce qui est jaune, et il ne faut pas les contrarier là dessus, car on dit que quand on veut empêcher les bessons de se considérer comme les deux empreintes d'un même dessin, ils deviennent idiots et ne savent plus du tout ce qu'ils disent. » Le mercier disait cela, parce que ses cravates lilas étaient mauvais teint et qu'il avait envie d'en vendre deux à la fois.

Par la suite du temps, tout alla de même, et les bessons furent habillés si pareillement, qu'on avait encore plus souvent lieu de les confondre, et soit par malice d'enfant, soit par la force de cette loi de nature que le curé croyait impossible à défaire, quand l'un avait cassé le bout de son sabot, bien vite l'autre écornait le sien du même pied; quand l'un déchirait sa veste ou sa casquette, sans tarder, l'autre imitait si bien la déchirure, qu'on aurait dit que le même accident l'avait occasionnée : et puis, mes bessons de rire et de prendre un air sournoisement innocent quand on leur demandait compte de la chose.

Bonheur ou malheur, cette amitié-là

augmentait toujours avec l'âge, et le jour
où ils surent raisonner un peu, ces enfants
se dirent qu'ils ne pouvaient pas s'amuser
avec d'autres enfants, quand un des deux
ne s'y trouvait pa; et le père ayant essayé
d'en garder un toute la journée avec lui,
tandis que l'autre restait avec la mère,
tous les deux furent si tristes, si pâles et si
lâches au travail, qu'on les crut malades.
Et puis quand ils se retrouvèrent le soir,
ils s'en allèrent tous deux par les chemins,
se tenant par la main et ne voulant plus
rentrer, tant ils avaient d'aise d'être ensemble, et aussi parce qu'ils boudaient un
peu leurs parents de leur avoir fait ce cha-
grin-là. On n'essaya plus guère de recommencer, car il faut dire que le père et
la mère, mêmement les oncles et les tantes,

frères et sœurs les avaient pour les bessons
une amitié qui tournait un peu en fai-
blesse. Ils en étaient fiers, à force d'en recevoir des compliments, et aussi parce que
c'était, de vrai, deux enfants qui n'étaient
ni laids, ni sots, ni méchants. De temps en
temps, le père Barbeau s'inquiétait bien un
peu de ce que deviendrait cette accoutumance d'être toujours ensemble quand ils
seraient en âge d'homme, et, se remémorant les paroles de la Sagette, il essayait de
les taquiner pour les rendre jaloux l'un de
l'autre. S'ils faisaient une petite faute, il
tirait les oreilles de Sylvinet par exemple,
disant à Landry : pour cette fois, je te pardonne à toi, parce que tu es ordinairement
le plus raisonnable. Mais cela consolait
Sylvinet d'avoir chaud aux oreilles, de voir

qu'on avait épargné son frère, et Landry pleurait comme si c'était lui qui avait reçu la correction. On tenta aussi de donner, à l'un seulement, quelque chose dont tous deux avaient envie; mais tout aussitôt, si c'était chose bonne à manger, ils partageaient; ou si c'était toute autre amusette ou épelette à leur usage, ils le mettaient en commun, ou se le donnaient et redonnaient l'un à l'autre, sans distinction du tien et du mien. Faisait-on à l'un compliment de sa conduite, en ayant l'air de ne pas rendre justice à l'autre, cet autre était content et fier de voir encourager et caresser son besson, et il se mettait à le flatter et à le caresser aussi. Enfin, c'était peine perdue que de vouloir les diviser d'esprit ou de corps, et comme on n'aime guère à contrarier des enfants qu'on chérit, même quand c'est pour leur bien, on laissa vite aller les choses comme Dieu voulut; ou bien on se fit de ces petites picoteries un jeu dont les deux bessons n'étaient point dupes. Ils étaient fort malins, et quelquefois pour qu'on les laissât tranquilles, ils faisaient mine de se disputer et de se battre; mais ce n'était qu'un amusement de leur part, et ils n'avaient garde, en se roulant l'un sur l'autre, de se faire le moindre mal; si quelque badaud s'étonnait de les voir en bisbille, ils se cachaient pour rire de lui, et on les entendait babiller et chantonner ensemble comme deux merles dans une branche.

Malgré cette grande ressemblance et cette grande inclination, Dieu qui n'a rien fait d'absolument pareil dans le ciel et sur la terre, voulut qu'ils eussent un sort bien différent, et c'est alors qu'on vit que c'étaient deux créatures séparées dans l'idée du bon Dieu, et différentes dans leur propre tempérament.

On ne vit la chose qu'à l'essai, et cet essai arriva après qu'ils eurent fait ensemble leur première communion. La famille du père Barbeau augmentait, grâce à ses deux filles aînées qui ne chômaient pas de mettre de beaux enfants au monde. Son fils aîné, Martin, un beau et brave garçon, était au service; ses gendres travaillaient bien, mais l'ouvrage n'abondait pas toujours. Nous avons eu, dans nos pays, une suite de mauvaises années, tant pour les vimaires du temps que pour les embarras

du commerce, qui ont délogé plus d'écus
de la poche des gens de campagne, qu'elles
n'y en ont fait rentrer. Si bien que le père
Barbeau n'était pas assez riche pour garder tout son monde avec lui, et il fallait
bien songer à mettre ses bessons en condition chez les autres. Le père Caillaud, de
la Priche, lui offrit d'en prendre un pour
toucher ses bœufs, parce qu'il avait un fort
domaine à faire valoir, et que tous ses
garçons étaient trop grands ou trop jeunes
pour cette besogne-là. La mère Barbeau
eut grand peur et grand chagrin quand
son mari lui en parla pour la première
fois. On eût dit qu'elle n'avait jamais prévu
que la chose dût arriver à ses bessons, et
pourtant elle s'en était inquiétée leur vie
durant; mais, comme elle était grande-

ment soumise à son mari, elle ne sut que dire. Le père avait bien du souci aussi pour son compte, et il prépara la chose de loin. D'abord les deux bessons pleurèrent et passèrent trois jours à travers bois et prés, sans qu'on les vit, sauf à l'heure des repas. Ils ne disaient mot à leurs parents, et quand on leur demandait s'ils avaient pensé à se soumettre, ils ne répondaient rien, mais ils raisonnaient beaucoup quand ils étaient ensemble.

Le premier jour ils ne surent que se lamenter tous deux, et se tenir par les bras comme s'ils avaient crainte qu'on ne vînt les séparer par force. Mais le père Barbeau ne l'eût point fait. Il avait la sagesse du paysan qui est faite moitié de patience et moitié de confiance dans l'effet du temps.

Aussi le lendemain, les bessons voyant qu'on ne les taboulait point, et que l'on comptait que la raison leur viendrait, se trouvèrent-ils plus effrayés de la volonté paternelle qu'ils ne l'eussent été par menaces et châtiments. Il faudra pourtant bien nous y ranger, dit Landry, et c'est à savoir lequel de nous s'en ira; car on nous a laissé le choix, et le père Caillaud a dit qu'il ne pouvait pas nous prendre tous les deux.

— Qu'est-ce ça me fait que je parte ou que je reste, dit Sylvinet, puisqu'il faut que nous nous quittions? Je ne pense seulement pas à l'affaire d'aller vivre ailleurs; si j'y allais avec toi, je me désaccoutumerais bien de la maison.

— Ça se dit comme ça, reprit Landry,

et pourtant celui qui restera avec nos parents aura plus de consolation et moins d'ennui que celui qui ne verra plus ni son besson, ni son père, ni sa mère, ni son jardin, ni ses bêtes, ni tout ce qui a coutume de lui faire plaisir.

Landry disait cela d'un air assez résolu; mais Sylvinet se remit à pleurer; car il n'avait pas autant de résolution que son frère, et l'idée de tout perdre et de tout quitter à la fois lui fit tant de peine qu'il ne pouvait plus s'arrêter dans ses larmes.

Landry pleurait aussi, mais pas autant, et pas de la même manière; car il pensait toujours à prendre pour lui le plus gros de la peine, et il voulait voir ce que son frère en pouvait supporter, afin de lui épargner tout le reste. Il connut bien que

Sylvinet avait plus peur que lui d'aller habiter un endroit étranger et de se donner à une famille autre que la sienne.

— Tiens, frère, lui dit-il, si nous pouvons nous décider à la séparation, mieux vaut que je m'en aille. Tu sais bien que je suis un peu plus fort que toi et que quand nous sommes malades, ce qui arrive presque toujours en même temps, la fièvre se met plus fort après toi qu'après moi. On dit que nous mourrons peut-être si on nous sépare. Moi, je ne crois pas que je mourrai; mais je ne répondrais pas de toi, et c'est pour cela que j'aime mieux te savoir avec notre mère qui te consolera et te soignera. De fait, si l'on fait chez nous une différence entre nous deux, ce qui ne paraît guère, je crois bien que c'est toi qui es le plus chéri, et je sais que tu es le plus mignon et le plus amiteux. Reste donc, moi je partirai. Nous ne serons pas loin l'un de l'autre. Les terres du père Caillaud touchent les nôtres, et nous nous verrons tous les jours. Moi j'aime la peine et ça me distraira, et comme je cours mieux que toi, je viendrai plus vite te trouver aussitôt que j'aurai fini ma journée. Toi, n'ayant pas grand'chose à faire, tu viendras en te promenant me voir à mon ouvrage. Je serai bien moins inquiet à ton sujet que si tu étais dehors et moi dedans la maison. Par ainsi, je te demande d'y rester.

III

III

III

Sylvinet ne voulut point entendre à cela; quoiqu'il eût le cœur plus tendre que Landry pour son père, sa mère et sa petite sœur Nannette, il s'effrayait de laisser l'endosse à son cher besson.

Quand ils eurent bien discuté, ils tirèrent à la courte-paille et le sort tomba sur Landry. Sylvinet ne fut pas content de l'épreuve et voulut tenter à pile ou face avec un gros sou. Face tomba trois fois pour lui, c'était toujours à Landry de partir.

— Tu vois bien que le sort le veut, dit Landry, et tu sais qu'il ne faut pas contrarier le sort.

Le troisième jour, Sylvinet pleura bien encore, mais Landry ne pleura presque plus. La première idée du départ lui avait fait peut-être une plus grosse peine qu'à son frère, parce qu'il avait mieux senti son courage et qu'il ne s'était pas endormi sur l'impossibilité de résister à ses parents; mais, à force de penser à son mal, il l'avait plus vite usé, et il s'était fait beaucoup de raisonnements, tandis qu'à force de se désoler, Sylvinet n'avait pas eu le courage de se raisonner : si bien que

Landry était tout décidé à partir, que Sylvinet ne l'était point encore à le voir s'en aller.

Et puis Landry avait un peu plus d'amour-propre que son frère. On leur avait tant dit qu'ils ne seraient jamais chacun qu'une moitié d'homme s'ils ne s'habituaient pas à se quitter, que Landry qui commençait à sentir l'orgueil de ses quatorze ans, avait envie de montrer qu'il n'était plus un enfant. Il avait toujours été le premier à persuader et à entraîner son frère, depuis la première fois qu'ils avaient été chercher un nid au faîte d'un arbre, jusqu'au jour où ils se trouvaient. Il réussit donc encore cette fois-là à le tranquilliser, et, le soir, en rentrant à la maison, il déclara à son père que son frère et lui se rangeaient au devoir, qu'ils avaient tiré au sort, et que c'était à lui Landry, d'aller toucher les grands bœufs de la Priche.

Le père Barbeau prit ses deux bessons chacun sur un de ses genoux, quoiqu'ils fussent déjà grands et forts, et il leur parla ainsi :

— Mes enfants, vous voilà en âge de raison, je le connais à votre soumission et j'en suis content. Souvenez-vous que quand les enfants font plaisir à leur père et mère, ils font plaisir au grand Dieu du Ciel qui les en récompense un jour ou l'autre. Je ne veux pas savoir lequel de vous deux s'est soumis le premier. Mais Dieu le sait et il bénira celui-là pour avoir bien parlé, comme il bénira aussi l'autre pour avoir bien écouté.

Là-dessus il conduisit ses bessons auprès de leur mère pour qu'elle leur fît son compliment, mais la mère Barbeau eut tant de peine à se retenir de pleurer, qu'elle ne put rien leur dire et se contenta de les embrasser.

Le père Barbeau, qui n'était pas un maladroit, savait bien lequel des deux avait le plus de courage et lequel avait le plus d'attache. Il ne voulut point laisser froidir la bonne volonté de Sylvinet, car il voyait que Landry était tout décidé pour lui-même, et qu'une seule chose, le chagrin de son frère, pouvait le faire broncher. Il éveilla donc Landry avant le jour, en ayant bien soin de ne pas secouer son aîné, qui dormait à côté de lui.

— Allons, petit, lui dit-il tout bas, il nous faut partir pour la Priche avant que ta mère te voie, car tu sais qu'elle a du chagrin, et il faut lui épargner les adieux. Je vas te conduire chez ton nouveau maître et porter ton paquet.

— Ne dirai-je pas adieu à mon frère? demanda Landry. Il m'en voudra si je le quitte sans l'avertir.

—Si ton frère s'éveille et te voit partir, il pleurera, il réveillera votre mère, et votre mère pleurera encore plus fort, à cause de votre chagrin. Allons, Landry, tu es un garçon de grand cœur, et tu ne voudrais pas rendre ta mère malade. Fais ton devoir tout entier, mon enfant; pars sans faire semblant de rien. Pas plus tard que ce soir, je te conduirai ton frère, et comme c'est demain dimanche, tu viendras voir ta mère sur le jour.

Landry obéit bravement et passa la porte de la maison sans regarder derrière lui. La mère Barbeau n'était pas si bien endormie ni si tranquille qu'elle n'eût entendu tout ce que son homme disait à Landry. La pauvre femme, sentant la raison de son mari, ne bougea et se contenta d'écarter un peu son rideau pour voir sortir Landry. Elle eut le cœur si gros qu'elle se jeta à bas du lit pour aller l'embrasser, mais elle s'arrêta quand elle fut devant le lit des bessons, où Sylvinet dormait encore à pleins yeux. Le pauvre garçon avait tant pleuré depuis trois jours et quasi trois nuits, qu'il était vanné par la fatigue, et même il se sentait d'un peu de fièvre, car il se tournait et retournait sur son coussin, envoyant de gros soupirs et gémissant sans pouvoir se réveiller.

Alors la mère Barbeau, voyant et avisant le seul de ses bessons qui lui restât, ne put pas s'empêcher de se dire que c'était celui qu'elle eût vu partir avec le plus de peine. Il est bien vrai qu'il était le plus sensible des deux, soit qu'il eût le tempérament une idée moins fort, soit que Dieu, dans sa loi de nature, ait écrit que de deux personnes qui s'aiment, soit d'amour, soit d'amitié, il y en a toujours une qui doit donner de son cœur plus que l'autre. Le père Barbeau avait un brin de préférence pour Landry, parce qu'il faisait cas du travail et du courage plus que des caresses et des attentions. Mais la mère avait ce brin de préférence pour le plus gracieux et le plus câlin, qui était Sylvinet.

La voilà donc qui se prend à regarder son pauvre gars tout pâle et tout défait, et qui se dit que ce serait grand'pitié de le mettre déjà en condition ; que son Landry a plus d'étoffe pour endurer la peine, et que d'ailleurs l'amitié pour son besson et pour sa mère ne le foule pas au point de le mettre en danger de maladie. C'est un enfant qui a une grande idée de son devoir, pensait-elle ; mais tout de même, s'il n'avait pas le cœur un peu dur, il ne serait pas parti comme ça sans barguigner, sans tourner la tête et sans verser une pauvre larme. Il n'aurait pas eu la force de faire deux pas sans se jeter sur ses genoux pour demander courage au bon Dieu, et il se serait approché de mon lit où je faisais la frime de dormir, tant seulement pour me regarder et pour embrasser le bout de mon rideau. Mon Landry est bien un véritable garçon. Ça ne demande qu'à vivre, à remuer, à travailler et à changer de place. Mais celui-ci a le cœur d'une fille ; c'est si tendre et si doux qu'on ne peut pas s'empêcher d'aimer ça comme ses yeux.

Ainsi devisait en elle-même la mère Barbeau tout en retournant à son lit, où elle ne se rendormit point, tandis que le père Barbeau emmenait Landry à travers prés et pacages du côté de la Priche. Quand ils furent sur une petite hauteur, d'où l'on ne voit plus les bâtiments de la Cosse aussitôt qu'on se met à la descendre, Landry s'arrêta et se retourna. Le cœur lui enfla, et il s'assit sur la fougère, ne pouvant faire un pas de plus. Son père fit mine de ne point s'en apercevoir et de continuer à marcher. Au bout d'un petit moment, il l'appela bien doucement en lui disant :

Voilà qu'il fait jour, mon Landry ; dégageons-nous si nous voulons arriver avant le soleil levé.

Landry se releva, et comme il s'était juré de ne point pleurer devant son père, il rentra ses larmes qui lui venaient dans les yeux grosses comme des pois. Il fit comme s'il avait laissé tomber son couteau de sa poche, et il arriva à la Priche sans avoir montré sa peine, qui pourtant n'était pas mince.

IV

IV

Le père Caillaud, voyant que des deux bessons on lui amenait le plus fort et le plus diligent, fut tout aise de le recevoir. Il savait bien que cela n'avait pas dû se décider sans chagrin, et comme c'était un brave homme et un bon voisin, fort ami du père Barbeau, il fit de son mieux pour flatter et encourager le jeune gars. Il lui fit donner vitement la soupe et un pichet de vin pour lui remettre le cœur, car il était aisé de voir que le chagrin y était. Il le mena ensuite avec lui pour lier les bœufs, et il lui fit compliment de la manière dont il s'y prenait. De fait, Landry n'était pas novice dans cette besogne-là, car son père avait une jolie paire de bœufs, qu'il avait souvent ajustés et conduits à merveille. Aussitôt que l'enfant vit les grands bœufs du père Caillaud, qui étaient les mieux tenus, les mieux nourris et les plus forts de race de tout le pays, il se sentit chatouillé dans son orgueil d'avoir si belle aumaille au bout de son aiguillon. Et puis il était content de montrer qu'il n'était ni maladroit ni lâche, et qu'on n'avait rien de nouveau à lui apprendre. Son père ne manqua pas de le faire valoir, et quand le moment fut venu de partir pour les champs, tous les enfants du père Caillaud, garçons et filles, grands et petits, vinrent embrasser le besson, et la plus jeune des filles lui attacha une branchée de fleurs avec des rubans à son chapeau, parce que c'était son premier jour de service et comme un jour de fête pour la famille qui le recevait. Avant de le quitter, son père lui fit une admonestation en présence de son nouveau maître, lui commandant de le contenter en toutes choses et d'avoir soin de son bétail comme si c'était son bien propre.

Là-dessus, Landry ayant promis de faire de son mieux, s'en alla au labourage, où il fit bonne contenance et bon office tout le jour, et d'où il revint ayant grand appétit; car c'était la première fois qu'il travaillait aussi rude, et un peu de fatigue est un souverain remède contre le chagrin.

Mais ce fut plus malaisé à passer pour le pauvre Sylvinet, à la Bessonnière; car il faut vous dire que la maison et la propriété du père Barbeau, situées au bourg de la Cosse, avaient pris ce nom-là depuis la naissance des deux enfants, et à cause que, peu de temps après, une servante de la maison avait mis au monde une paire de bessonnes qui n'avaient point vécu. Or, comme les paysans sont grands donneurs de sornettes et sobriquets, la maison et la terre avaient reçu le nom de Bessonnière; et partout où se montraient Sylvinet et Landry, les enfants ne manquaient pas de crier autour d'eux : « Voilà les Bessons de la Bessonnière ! »

Or donc, il y avait grande tristesse ce jour-là à la Bessonnière du père Barbeau. Sitôt que Sylvinet fut éveillé, et qu'il ne vit point son frère à son côté, il se douta de la vérité, mais il ne pouvait croire que Landry pût être parti comme cela sans lui dire adieu ; et il était fâché contre lui au milieu de sa peine.

— Qu'est-ce que je lui ai donc fait, disait-il à sa mère, et en quoi ai-je pu le mécontenter ? Tout ce qu'il m'a conseillé de faire, je m'y suis toujours rendu ; et quand il m'a recommandé de ne point pleurer devant vous, ma mère mignonne, je me suis retenu de pleurer, tant que la tête m'en sautait. Il m'avait promis de ne pas s'en aller sans me dire encore des paroles pour me donner courage, et sans déjeuner avec moi au bout de la Chenevière, à l'endroit où nous avions coutume d'aller causer et nous amuser tous les deux. Je voulais lui faire son paquet et lui donner mon couteau qui vaut mieux que le sien. Vous lui aviez donc fait son paquet hier soir sans me rien dire, ma mère, et vous saviez donc qu'il voulait s'en aller sans me dire adieu ?

— J'ai fait la volonté de ton père, répondit la mère Barbeau. Et elle dit tout ce qu'elle put s'imaginer pour le consoler. Il ne voulait entendre à rien ; et ce ne fut que quand il vit qu'elle pleurait aussi, qu'il se mit à l'embrasser, à lui demander pardon d'avoir augmenté sa peine, et à lui promettre de rester avec elle pour la dédommager. Mais aussitôt qu'elle l'eut quitté pour vaquer à la basse-cour et à la lessive, il se prit de courir du côté de la Priche, sans même songer où il allait, mais se laissant emporter par son instinct comme un pigeon qui court après sa pigeonne sans s'embarrasser du chemin.

Il aurait été jusqu'a la Priche s'il n'avait rencontré son père qui en revenait, et qui le prit par la main pour le ramener, en lui disant : nous irons ce soir, mais il ne faut pas détemcer ton frère pendant qu'il travaille, ça ne contenterait pas son maître; d'ailleurs la femme de chez nous est dans la peine et je compte que c'est toi qui la consoleras.

V

V

V

Sylvinet revint se pendre aux jupons de sa mère comme un petit enfant, et ne la quitta point de la journée, lui parlant toujours de Landry et ne pouvant pas se défendre de penser à lui, en passant par tous les endroits et recoins où ils avaient eu coutume de passer ensemble. Le soir il alla à la Priche avec son père qui voulut l'accompagner. Sylvinet était comme fou d'aller embrasser son besson et il n'avait pas pu souper, tant il avait de hâte de partir. Il comptait que Landry viendrait au-devant de lui et il s'imaginait toujours le voir accourir. Mais Landry, quoiqu'il en eût bonne envie, ne bougea point. Il craignait d'être moqué par les jeunes gens et les gars de la Priche pour cette amitié bessonnière qui passait pour une sorte de maladie, si bien que Sylvinet le trouva à table, buvant et mangeant comme s'il eût été toute sa vie avec la famille Caillaud.

Aussitôt que Landry le vit entrer pourtant, le cœur lui sauta de joie, et s'il ne se fût pas contenu, il aurait fait tomber la table et le banc pour l'embrasser plus vite. Mais il n'osa, parce que ses maîtres le regardaient curieusement, se faisant un amusement de voir dans cette amitié une chose nouvelle et un phénomène de nature, comme disait le maître d'école de l'endroit.

Aussi quand Sylvinet vint se jeter sur lui, l'embrasser tout en pleurant, et se serrer contre lui comme un oiseau se pousse dans le nid contre son frère pour se réchauffer, Landry fut fâché à cause des autres, tandis qu'il ne pouvait pourtant pas s'empêcher d'être content pour son compte; mais il voulait avoir l'air plus raisonnable que son frère et il lui fit de temps en temps signe de s'observer, ce qui étonna et fâcha grandement Sylvinet. Làdessus le père Barbeau s'étant mis à causer et à boire un coup ou deux avec le père Caillaud, les deux bessons sortirent ensemble, Landry voulant bien aimer et caresser son frère comme en secret. Mais les autres gars les observèrent de loin ; et mêmement la petite Solange, la plus jeune des filles du père Caillaud, qui était maligne et curieuse comme un vrai linot, les suivit à petits pas jusque dans la coudrière, riant d'un air penaud quand ils faisaient attention à elle, mais n'en démordant point, parce qu'elle s'imaginait toujours qu'elle allait voir quelque chose de singulier, et ne sachant pourtant pas ce qu'il peut y avoir de surprenant dans l'amitié de deux frères.

Sylvinet, quoiqu'il fût étonné de l'air tranquille dont son frère l'avait abordé, ne songea pourtant pas à lui en faire reproche, tant il était content de se trouver avec lui. Le lendemain, Landry, sentant qu'il s'appartenait, parce que le père Caillaud lui avait donné licence de tout devoir, il partit de si grand matin qu'il pensa surprendre son frère au lit. Mais, malgré que Sylvinet fût le plus dormeur des deux, il s'éveilla dans le moment que Landry passait la barrière de l'Ouche, et s'en courut nu-pieds, comme si quelque chose lui eût dit que son besson approchait de lui. Ce fut pour Landry une journée de parfait contentement. Il avait du plaisir à revoir sa famille et sa maison, depuis qu'il savait qu'il n'y reviendrait pas tous les jours, et que ce serait pour lui comme une récompense. Sylvinet oublia toute sa peine jusqu'à la moitié du jour. Au déjeuner, il s'était dit qu'il dînerait avec son frère ; mais quand le dîner fut fini, il pensa que le souper serait le dernier repas, et il commença d'être inquiet et mal à son aise. Il soignait et calinait son besson à plein cœur, lui donnant ce qu'il y avait de meilleur à manger, le croûton de son pain et le cœur de sa salade; et puis il s'inquiétait de son habillement, de sa chaussure, comme s'il eût dû s'en aller bien loin, et comme s'il était bien à plaindre, sans se douter qu'il était lui-même le plus à plaindre des deux parce qu'il était le plus affligé.

VI

IV

VI

La semaine se passa de même, Sylvinet allant voir Landry tous les jours, et Landry s'arrêtant avec lui un moment ou deux quand il venait du côté de la Bessonnière; Landry prenant de mieux en mieux son parti, Sylvinet ne le prenant pas du tout, et comptant les jours, les heures, comme une âme en peine.

Il n'y avait au monde que Landry qui pût faire entendre raison à son frère. Aussi la mère eut-elle recours à lui pour l'engager à se tranquilliser ; car de jour en jour l'affliction du pauvre enfant augmentait. Il ne jouait plus, il ne travaillait que commandé ; il promenait encore sa petite sœur, mais sans presque lui parler et sans songer à l'amuser, la regardant seulement pour l'empêcher de tomber et d'attraper du mal. Aussitôt qu'on n'avait plus les yeux sur lui, il s'en allait tout seul et se cachait si bien qu'on ne savait où le prendre. Il entrait dans tous les fossés, dans toutes les bouchures, dans toutes les ravines, où il avait eu accoutumance de jouer et de deviser avec Landry, et il s'asseyait sur les racines où ils s'étaient assis ensemble, il mettait ses pieds dans tous les filets d'eau où ils avaient pataugé comme deux vraies canettes; il était content quand il y retrouvait quelques bouts de bois que Landry avait chapusés avec sa serpette, ou quelques cailloux dont il s'était servi comme de palet ou de pierre à feu. Il les recueillait et les cachait dans un trou d'arbre ou sous une cosse de bois, afin de venir les prendre et les regarder de temps en temps, comme si ç'avait été des choses de conséquence. Il allait toujours se remémorant et creusant dans sa tête pour y retrouver toutes les petites souvenances de son bonheur passé. Ça n'eût paru rien à un autre, et pour lui c'était tout. Il ne prenait point souci du temps à venir, n'ayant courage pour penser à une suite de jours comme ceux qu'il endurait. Il ne pensait qu'au temps passé, et se consumait dans une rêvasserie continuelle.

A des fois, il s'imaginait voir et entendre son besson, et il causait tout seul, croyant lui répondre. Ou bien il s'endormait là où il se trouvait, et rêvait de lui; et quand il se réveillait, il pleurait d'être seul, ne comptant pas ses larmes et ne les retenant point, parce qu'il espérait qu'à fine force la fatigue userait et abattrait sa peine.

Une fois qu'il avait été vagué jusqu'au droit des tailles de Champeaux, il retrouva sur le riot qui sort du bois au temps des pluies, et qui était maintenant quasiment tout asséché, un de ces petits moulins que font les enfants de chez nous avec des grobilles, et qui sont si finement agencés qu'ils tournent au courant de l'eau et restent là quelquefois bien longtemps, jusqu'à ce que d'autres enfants les cassent ou que les grandes eaux les emmènent. Celui que Sylvinet retrouva, sain et entier, était là depuis plus de deux mois, et, comme l'endroit était désert, il n'avait été vu ni endommagé par personne. Sylvinet le reconnaissait bien pour être l'ouvrage de son besson, et, en le faisant, ils s'étaient promis de venir le voir; mais ils n'y avaient plus songé, et depuis ils avaient fait bien d'autres moulins dans d'autres endroits.

Sylvinet fut donc tout aise de le retrouver, et il le porta un peu plus bas, là où le riot s'était retiré, pour le voir tourner et se rappeler l'amusement que Landry avait eu à lui donner le premier branle. Et puis il le laissa, se faisant un plaisir d'y revenir au premier dimanche avec Landry, pour lui montrer comme leur moulin avait résisté, pour être solide et bien construit.

Mais il ne put se tenir d'y revenir tout seul le lendemain, et il trouva le bord du riot tout troublé et tout battu par les pieds des bœufs qui y étaient venu boire, et qu'on avait mis pacager le matin dans la taille. Il avança un petit, et vit que les animaux avaient marché sur son moulin et l'avaient si bien mis en miettes qu'il n'en retrouva que peu. Alors il eut le cœur gros, et s'imagina que quelque malheur avait dû arriver ce jour-là à son besson, et il courut jusqu'à la Priche pour s'assurer qu'il n'avait aucun mal. Mais comme il s'était aperçu que Landry n'aimait pas à le voir venir sur le jour, à cause qu'il craignait de fâcher son maître en se laissant détemcer, il se contenta de le regarder de loin pendant qu'il travaillait, et il ne se fit point voir à lui. Il aurait eu honte de confesser quelle idée l'avait fait accourir, et il s'en retourna sans mot dire et sans en parler à personne, que bien longtemps après.

Comme il devenait pâle, dormait mal et ne mangeait quasi point, sa mère était bien affligée et ne savait que faire pour le consoler. Elle essayait de le mener avec elle au marché, ou de l'envoyer aux foires à bestiaux avec son père ou ses oncles; mais de rien il ne se souciait ni ne s'amusait, et le père Barbeau, sans lui en rien dire, essayait de persuader au père Caillaud de prendre les deux bessons à son service. Mais le père Caillaud lui répondait une chose dont il sentait la raison.

— Un supposé que je les prendrais tous deux pour un temps, ça ne pourrait pas durer, car, là où il faut un serviteur, il n'en est besoin de deux pour des gens comme nous. Au bout de l'année, il vous faudrait toujours en louer un quelque autre part. Et ne voyez-vous pas que si votre Sylvinet était dans un endroit où on le forçât de travailler, il ne songerait pas tant, et ferait comme l'autre, qui en a pris bravement son parti ? Tôt ou tard il vous faudra en venir là. Vous ne le louerez peut-être pas où vous voudrez; et si ces enfants doivent être encore plus éloignés l'un de l'autre, et ne se voir que de semaine en semaine, ou de mois en mois, il vaut mieux commencer à les accoutumer à n'être pas toujours dans la poche l'un de l'autre. Soyez donc plus raisonnable que cela, mon vieux, et ne faites pas tant d'attention au caprice d'un enfant que votre femme et vos autres enfants ont trop écouté et trop caliné. Le plus fort est fait, et croyez bien qu'il s'habituera au reste si vous ne cédez point.

Le père Barbeau se rendait et reconnaissait que plus Sylvinet voyait son besson, tant plus il avait envie de le voir. Et il se promettait, à la prochaine Saint-Jean, d'essayer de le louer, afin que voyant de moins en moins Landry, il prît finalement le pli de vivre comme les autres et de ne pas se laisser surmonter par une amitié qui tournait en fièvre et en langueur.

Mais il ne fallait point encore parler de cela à la mère Barbeau ; car, au premier mot, elle versait toutes les larmes de son corps. Elle disait que Sylvinet était capable de se périr, et le père Barbeau était grandement embarrassé.

Landry, étant conseillé par son père et par son maître, et aussi par sa mère, ne manquait point de raisonner son pauvre besson ; mais Sylvinet ne se défendait point, promettait tout, et ne se pouvait vaincre. Il y avait dans sa peine quelque autre chose qu'il ne disait point, parce qu'il n'eût su comment le dire c'est : qu'il lui était poussé dans le fin-fond du cœur une jalousie terrible à l'endroit de Landry. Il était content, plus content que jamais il ne l'avait été, de voir qu'un chacun le tenait en estime et que ses nouveaux maîtres le traitaient aussi amiteusement que s'il avait été l'enfant de la maison. Mais si cela le réjouissait d'un côté, de l'autre il s'affligeait et s'offensait de voir Landry répondre trop, selon lui, à ces nouvelles amitiés. Il ne pouvait souffrir que, sur un mot du père Caillaud, tant doucement et patiemment qu'il fût appelé, il courût vitement au-devant de son vouloir, laissant là père, mère et frère, plus inquiet de manquer à son devoir qu'à son amitié, et plus prompt à l'obéissance que Sylvinet ne s'en serait senti capable quand il s'agissait de rester quelques moments de plus avec l'objet d'un amour si fidèle.

Alors le pauvre enfant se mettait en l'esprit un souci que, devant, il n'avait eu, à savoir qu'il était le seul à aimer, et que son amitié lui était mal rendue ; que cela avait dû exister de tout temps sans être venu d'abord à sa connaissance ; ou bien que, depuis un temps, l'amour de son besson s'était refroidi, parce qu'il avait rencontré par ailleurs des personnes qui lui convenaient mieux et lui agréaient davantage.

VII

VII

Landry ne pouvait pas deviner cette jalousie de son frère; car, de son naturel, il n'avait eu, quant à lui, jalousie de rien en sa vie. Lorsque Sylvinet venait le voir à la Priche, Landry, pour le distraire, le conduisait voir les grands bœufs, les belles vaches, le brebiage conséquent et les grosses récoltes du fermage au père Caillaud; car Landry estimait et considérait tout cela, non par envie, mais pour le goût qu'il avait au travail de la terre, à l'élevage des bestiaux, et pour le beau et le bien fait dans toutes les choses de la campagne. Il prenait plaisir à voir propre, grasse et reluisante, la pouliche qu'il menait au pré, et il ne pouvait souffrir que le moindre ouvrage fût fait sans conscience, ni qu'aucune chose pouvant vivre et fructifier, fût délaissée, négligée et comme méprisée, emmy les cadeaux du bon Dieu. Sylvinet regardait tout cela avec indifférence et s'étonnait que son frère prît tant à cœur des choses qui ne lui étaient de rien. Il était ombrageux de tout, et disait à Landry :

— Te voilà bien épris de ces grands bœufs; tu ne penses plus à nos petits taurins qui sont si vifs et qui étaient pourtant si doux et si mignons avec nous deux, qu'ils se laissaient lier par toi plus volontiers que par notre père. Tu ne m'as pas seulement demandé des nouvelles de notre vache qui donne du si bon lait, et qui me regarde d'un air tout triste, la pauvre bête, quand je lui porte à manger, comme si elle comprenait que je suis tout seul, et comme si elle voulait me demander où est l'autre besson.

— C'est vrai qu'elle est une bonne bête, disait Landry, mais regarde donc celles d'ici! tu les verras traire, et jamais de la vie tu n'auras vu tant de lait à la fois.

— Ça se peut, reprenait Sylvinet, mais

pour être d'aussi bon lait et d'aussi bonne crème que la crème et le lait de la Brunette, je gage bien que non, car les herbes de la Bessonnière sont meilleures que celles de par ici.

— Diantre ! disait Landry, je crois bien que mon père échangerait pourtant de bon cœur, si on lui donnait les grands foins du père Caillaud pour sa joncière du bord de l'eau !

— Bah ! reprenait Sylvinet en levant les épaules, il y a dans la joncière des arbres plus beaux que tous les vôtres, et tant qu'au foin, s'il est rare, il est fin, et quand on le rentre, c'est comme une odeur de baume qui reste tout le long du chemin.

Ils disputaient ainsi sur rien, car Landry savait bien qu'il n'est point de plus bel avoir que celui qu'on a, et Sylvinet ne pensait pas à son avoir plus qu'à celui d'autrui, en méprisant celui de la Priche; mais au fond de toutes ces paroles en l'air, il y avait d'une part, l'enfant qui était content de travailler et de vivre n'importe où et comment, et de l'autre, celui qui ne pouvait point comprendre que son frère eût à part de lui un moment d'aise et de tranquillité.

Si Landry le menait dans le jardin de son maître, et que tout en devisant avec lui, il s'interrompît pour couper une branche morte sur une ente, ou pour arracher une mauvaise herbe qui gênait les légumes, cela fâchait Sylvinet, qu'il eût toujours une idée d'ordre et de service pour autrui, au lieu d'être comme lui à l'affût du moindre souffle et de la moindre parole de son frère. Il n'en faisait rien paraître, parce qu'il avait honte de se sentir si facile à choquer ; mais au moment de le quitter, il lui disait souvent : Allons, tu as bien assez de moi pour aujourd'hui ; peut-être bien que tu en as trop et que le temps te dure de me voir ici.

Landry ne comprenait rien à ces reproches-là. Ils lui faisaient de la peine, et, à son tour, il en faisait reproche à son frère qui ne voulait ni ne pouvait s'expliquer.

Si le pauvre enfant avait la jalousie des moindres choses qui occupaient Landry, il avait encore plus fort celle des personnes à qui Laudry montrait de l'attachement.

Il ne pouvait souffrir que Landry fût camarade et de bonne humeur avec les autres gars de la Priche, et quand il le voyait prendre soin de la petite Solange, la caresser ou l'amuser, il lui reprochait d'oublier sa petite sœur Nannette, qui était, à son dire, cent fois plus mignonne, plus propre et plus aimable que cette vilaine fille-là.

Mais, comme on n'est jamais dans la justice quand on se laisse manger le cœur par la jalousie, lorsque Landry venait à la Bessonnière, il paraissait s'occuper trop, selon lui, de sa petite sœur. Sylvinet lui reprochait de ne faire attention qu'à elle, et de n'avoir plus avec lui que de l'ennui et de l'indifférence.

Enfin, son amitié devint peu à peu si

exigeante et son humeur si triste, que Landry commençait à en souffrir et à ne pas se trouver heureux de le voir trop souvent. Il était un peu fatigué de s'entendre toujours reprocher d'avoir accepté son sort comme il le faisait, et on eût dit que Sylvinet se serait trouvé moins malheureux s'il eût pu rendre son frère aussi malheureux que lui. Landry comprit et voulut lui faire comprendre que l'amitié, à force d'être grande, peut quelquefois devenir un mal. Sylvinet ne voulut point entendre cela, et considéra même la chose comme une grande dureté que son frère lui disait; si bien qu'il commença à le bouder de temps en temps, et à passer des semaines entières sans aller à la Priche, mourant d'envie pourtant de le faire, mais s'en défendant et mettant de l'orgueil dans une chose où jamais il n'aurait dû y en entrer un brin.

Il arriva même que, de paroles en paroles, et de fâcheries en fâcheries, Sylvinet, prenant toujours en mauvaise part tout ce que Landry lui disait de plus sage et de plus honnête pour lui remettre l'esprit, le pauvre Sylvinet en vint à avoir tant de dépit qu'il s'imaginait par moment haïr l'objet de tant d'amour, et qu'il quitta la maison, un dimanche, pour ne point passer la journée avec son frère, qui n'avait pourtant pas une seule fois manqué d'y venir.

Cette mauvaiseté d'enfant chagrina grandement Landry. Il aimait le plaisir et la turbulence, parceque, chaque jour, il devenait plus fort et plus dégagé. Dans tous les jeux, il était le premier, le plus subtil de corps et d'œil. C'était donc comme un petit sacrifice qu'il faisait à son frère, de quitter les joyeux gars de la Priche, chaque dimanche, pour passer tout le jour à la Bessonnière, où il ne fallait point parler à Sylvinet d'aller jouer sur la place de la Cosse, ni même de se promener ici où là. Sylvinet, qui était resté enfant de corps et d'esprit beaucoup plus que son frère, et qui n'avait qu'une idée, celle de l'aimer uniquement et d'en être aimé de même, voulait qu'il vînt avec lui tout seul dans *leurs* endroits, comme il disait, à savoir dans les recoins et cachettes où ils avaient été s'amuser à des jeux qui n'étaient maintenant plus de leur âge : comme de faire petites brouettes d'osier, ou petits moulins, ou saulnées à prendre les petits oiseaux; ou encore des maisons avec des cailloux, et des champs grands comme un mouchoir de poche, que les enfants font mine de labourer à plusieurs façons, faisant imitation en petit de ce qu'ils voient faire aux laboureurs, semeurs, herseurs, héserbeurs et moissonneurs, et s'apprenant ainsi les uns aux autres, dans une heure de temps, toutes les façons, cultures et récoltes que reçoit et donne la terre dans le cours de l'année.

Ces amusements-là n'étaient plus du goût de Landry, qui maintenant pratiquait ou aidait à pratiquer la chose en grand, et qui aimait mieux conduire un grand charroi à six bœufs, que d'attacher une petite voiture de branchages à la queue de son chien. Il aurait souhaité aller s'escrimer avec les forts gars de son endroit, jouer aux grandes quilles, vu qu'il était devenu adroit à enlever la grosse boule et à la faire rouler à point à trente pas. Quand Sylvinet consentait à y aller, au lieu de jouer il se mettait dans un coin sans rien dire, tout prêt à s'ennuyer et à se tourmenter si Landry avait l'air de prendre au jeu trop de plaisir et de feu.

Enfin, Landry avait appris à danser à la Priche, et quoique ce goût lui fût venu tard, à cause que Sylvinet ne l'avait jamais eu, il dansait déjà aussi bien que ceux qui s'y prennent dès qu'ils savent marcher. Il était estimé bon danseur de bourrée à la Priche, et quoiqu'il n'eût pas encore de plaisir à embrasser les filles, comme c'est la coutume de le faire à chaque danse, il était content de les embrasser, parce que cela le sortait, par apparence, de l'état d'enfant; et il eût même souhaité qu'elles y fissent un peu de façon, comme elles font avec les hommes. Mais elles n'en faisaient point encore, et mêmement les plus grandes le prenaient par le cou en riant, ce qui l'ennuyait un peu.

Sylvinet l'avait vu danser une fois, et cela avait été cause d'un de ses plus grands dépits. Il avait été si en colère de le voir embrasser une des filles du père Caillaud, qu'il avait pleuré de jalousie et trouvé la chose tout à fait indécente et malchrétienne.

Ainsi donc, chaque fois que Landry sacrifiait son amusement à l'amitié de son frère, il ne passait pas un dimanche bien divertissant, et pourtant il n'y avait jamais manqué, estimant que Sylvinet lui en saurait gré, et ne regrettant pas un peu d'ennui dans l'idée de donner du contentement à son frère.

Aussi quand il vit que son frère, qui lui avait cherché castille dans la semaine, avait quitté la maison pour ne pas se réconcilier avec lui, il prit à son tour du chagrin, et, pour la première fois depuis qu'il avait quitté sa famille, il pleura à grosses larmes et alla se cacher, ayant toujours honte de montrer son chagrin à ses parents, et craignant d'augmenter celui qu'ils pouvaient avoir.

Si quelqu'un eût dû être jaloux, Landry y aurait eu pourtant plus de droits que Sylvinet. Sylvinet était le mieux aimé de la mère, et mêmement le père Barbeau, quoiqu'il eût une préférence secrète pour Landry, montrait à Sylvinet plus de complaisance et de ménagement. Ce pauvre enfant, étant le moins fort et le moins raisonnable, était aussi le plus gâté, et on craignait davantage de le chagriner. Il avait le meilleur sort, puisqu'il était dans la famille et que son besson avait pris pour lui l'absence et la peine.

Pour la première fois le bon Landry se fit tout ce raisonnement, et trouva son besson tout à fait injuste envers lui. Jusque là son bon cœur l'avait empêché de lui donner tort, et, plutôt que de l'accuser, il s'était condamné en lui-même d'avoir trop de santé, trop d'ardeur au travail et au plaisir, et de ne pas savoir dire d'aussi douces paroles, ni s'aviser d'aussi d'autant d'attentions fines que son frère. Mais, pour cette fois, il ne put trouver en lui-même aucun péché contre l'amitié; car, pour venir ce jour-là, il avait renoncé à une belle partie de pêche aux écrevisses que les gars de la Priche avaient complotée toute la semaine, et où ils lui avaient promis bien du plaisir s'il voulait aller avec eux. Il avait donc résisté à une grande tentation, et, à cet âge-là, c'est beaucoup faire. Après qu'il eut bien pleuré, il s'arrêta à écouter quelqu'un qui pleurait aussi pas loin de lui, et qui causait tout seul, comme c'est assez la coutume des femmes de campagne quand elles ont un gros chagrin. Landry connut bien vite que c'était sa mère, et il courut à elle.

— Hélas ! faut-il, mon Dieu, disait-elle tout en sanglotant, que cet enfant-là me donne tant de souci ! Il me fera mourir, c'est bien sûr.

— Est-ce moi, ma mère, qui vous donne du souci ? s'exclama Landry en se jetant à son cou. Si c'est moi, punissez-moi et ne pleurez point. Je ne sais pas en quoi j'ai pu vous fâcher, mais je vous en demande pardon tout de même.

A ce moment-là, la mère connut que Landry n'avait pas le cœur dur comme elle se l'était souvent imaginé. Elle l'embrassa bien fort, et, sans trop savoir ce qu'elle disait, tant elle avait de peine, elle lui dit que c'était Sylvinet, et non pas lui, dont elle se plaignait; que, quant à lui, elle avait eu quelquefois une idée injuste, et qu'elle lui en faisait réparation; mais que Sylvinet lui paraissait devenir fou, et qu'elle était dans l'inquiétude, parce qu'il était parti sans rien manger, avant le jour. Le soleil commençait à descendre, et il ne revenait pas. On l'avait vu à midi du côté de la rivière, et finalement la mère Barbeau craignait qu'il ne s'y fut jeté pour finir ses jours.

VIII

IX

Cette idée que Sylvinet pouvait avoir eu envie de se détruire, passa de la tête de la mère dans celle de Landry aussi aisément qu'une mouche dans une toile d'araignée, et il se mit vivement à la recherche de son frère. Il avait bien du chagrin tout en courant, et il se disait : Peut-être que ma mère avait raison autrefois de me reprocher mon cœur dur. Mais, à cette heure, il faut que Sylvinet ait le sien bien malade pour faire toute cette peine à notre pauvre mère et à moi.

Il courut de tous les côtés sans le trouver, l'appelant sans qu'il lui répondît, le demandant à tout le monde, sans qu'on pût lui en donner nouvelles. Enfin il se trouva au droit du pré de la Joncière, et il y entra, parce qu'il se souvint qu'il y avait par là un endroit que Sylvinet affectionnait. C'était une grande coupure que la rivière avait faite dans les terres en déracinant deux ou trois vergnes qui étaient restés en travers de l'eau, les racines en l'air. Le père Barbeau n'avait pas voulu les retirer. Il les avait sacrifiés parce que, de la manière qu'ils étaient tombés, ils retenaient encore les terres qui restaient prises en gros cossons dans leurs racines, et cela était bien à propos ; car l'eau faisait tous les hivers beaucoup de dégâts dans sa joncière et chaque année lui mangeait un morceau de son pré.

Landry approcha donc de la coupure, car son frère et lui avaient pris coutume d'appeler comme cela cet endroit de leur joncière. Il ne prit pas le temps de tourner jusqu'au coin où ils avaient fait eux-mêmes un petit escalier en mottes de gazon appuyées sur des pierres et des *racicots*, qui sont de grosses racines sortant de terre et donnant du rejet. Il sauta du plus haut qu'il pût pour arriver vitement au fond de la coupure, à cause qu'il y avait au droit de la rive de l'eau tant de branchages et d'herbes plus hautes que sa taille, que si son frère s'y fut trouvé, il n'eût pu le voir, à moins d'y entrer.

Il y entra donc, en grand émoi, car il avait toujours dans son idée, ce que sa mère lui avait dit, que Sylvinet était dans le cas d'avoir voulu finir ses jours. Il passa et repassa dans tous les feuillages et battit tous les grands herbages, appelant Sylvinet et sifflant le chien qui sans doute l'avait suivi, car de tout le jour on ne l'avait point vu à la maison non plus que son jeune maître.

Mais Landry eut beau appeler et chercher. Il se trouva tout seul dans la coupure. Comme c'était un garçon qui faisait toujours bien les choses et s'avisait de tout ce qui est à propos, il examina toutes les rives pour voir s'il n'y trouverait pas quelque marque de pied, ou quelque petit éboulement de terre qui n'eût point coutume d'y être. C'est une recherche bien triste et aussi bien embarrassante, car il y avait environ un mois que Landry n'avait vu l'endroit, et il avait beau le connaître comme on connaît sa main, il ne se pouvait faire qu'il n'y eût toujours quelque petit changement. Toute la rive droite était gazonnée, et mêmement, dans tout le fond de la coupure, le jonc et la prêle avaient poussé si dru dans le sable, qu'on ne pouvait voir un coin grand comme le pied pour y chercher une empreinte. Cependant, à force de tourner et de retourner, Landry trouva dans un fond la piste du chien, et même un endroit d'herbes foulées, comme si Finot ou tout autre chien de sa taille s'y fût couché en rond.

Cela lui donna bien à penser, et il alla encore examiner la berge de l'eau. Il s'imagina trouver une déchirure toute fraîche, comme si une personne l'avait faite avec son pied en sautant, ou en se laissant glisser, et quoique la chose ne fût point claire, car ce pouvait tout aussi bien être l'ouvrage d'un de ces gros rats d'eau qui fourragent, creusent et rongent en pareils endroits, il se mit si fort en peine, que ses jambes lui manquaient, et qu'il se jeta sur ses genoux ; comme pour se recommander à Dieu.

Il resta comme cela un peu de temps, n'ayant ni force ni courage pour aller dire à quelqu'un ce dont il était si fort angoissé;

et, regardant la rivière avec des yeux tout gros de larmes, comme s'il voulait lui demander compte de ce qu'elle avait fait de son frère.

Et, pendant ce temps-là, la rivière coulait bien tranquillement, frétillant sur les branches qui pendaient et trempaient le long des rives, et s'en allant dans les terres, avec un petit bruit, comme de quelqu'un qui rit et se moque à la sourdine.

Le pauvre Landry se laissa gagner et surmonter par son idée de malheur, si fort qu'il en perdait l'esprit, et que, d'une petite apparence qui pouvait bien ne rien présager, il se faisait une affaire à désespérer du bon Dieu.

— Cette méchante rivière qui ne dit

mot, pensait-il, et qui me laisserait bien pleurer un an sans me rendre mon frère, est justement là au plus creux, et il y est tombé tant de cosses d'arbres depuis le temps qu'elle ruine le pré, que si on y entrait on ne pourrait jamais s'en retirer. Mon Dieu ! faut-il que mon pauvre besson soit peut-être là, tout au fond de l'eau, couché à deux pas de moi, sans que je puisse le voir ni le retrouver dans les branches et dans les roseaux, quand même j'essayerais d'y descendre !

Là-dessus il se mit à pleurer son frère et à lui faire des reproches ; et jamais de sa vie il n'avait eu un pareil chagrin.

Enfin l'idée lui vint d'aller consulter une femme veuve, qu'on appelait la mère Fadet, et qui demeurait tout au bout de la

Joncière, rasibut le chemin qui descend au gué. Cette femme, qui n'avait ni terre, ni avoir autre que son petit jardin et sa petite maison, ne cherchait pourtant point son pain, à cause de beaucoup de connaissance qu'elle avait sur les maux et dommages du monde ; et, de tous côtés, on venait la consulter. Elle pansait *du secret*, c'est comme qui dirait qu'au moyen du *secret*, elle guérissait les blessures, foulures et autres estropisons. Elle s'en faisait bien un peu accroire, car elle vous ôtait des maladies que vous n'aviez jamais eues, telles que le décrochement de l'estomac ou la chute de la toile du ventre, et pour ma part, je n'ai jamais ajouté foi entière à ces accidents-là, non plus que je n'accorde grande croyance à ce qu'on disait d'elle, qu'elle pouvait faire passer le lait d'une bonne vache dans le corps d'une mauvaise, tant vieille et mal nourrie fut-elle.

Mais pour ce qui est des bons remèdes qu'elle connaissait et qu'elle appliquait au refroidissement du corps, que nous appelons *sanglaçure*; pour les emplâtres souverains qu'elle mettait sur les coupures et brûlures; pour les boissons qu'elle composait à l'encontre de la fièvre, il n'est point douteux qu'elle gagnait bien son argent et qu'elle a guéri nombre de malades que les médecins auraient fait mourir si on avait essayé de leurs remèdes. Du moins elle le disait, et ceux qu'elle avait sauvés aimaient mieux la croire que de s'y risquer.

Comme, dans la campagne, on n'est jamais savant sans être quelque peu sorcier, beaucoup pensaient que la mère Fadet en savait encore plus long qu'elle ne voulait le dire, et on lui attribuait de pouvoir faire retrouver les choses perdues, mêmement les personnes ; enfin, de ce qu'elle avait beaucoup d'esprit et de raisonnement pour vous aider à sortir de peine dans beaucoup de choses possibles, on inférait qu'elle pouvait en faire d'autres qui ne le sont pas.

— Comme les enfants écoutent volontiers toutes sortes d'histoires, Landry avait ouï dire à la Priche, où le monde est notoirement crédule et plus simple qu'à la Cosse, que la mère Fadet, au moyen d'une certaine graine qu'elle jetait sur l'eau, en disant des paroles, pouvait faire retrouver le corps d'une personne noyée. La graine surnageait et coulait le long de l'eau, et, là où on la voyait s'arrêter, on était sûr de retrouver le pauvre corps. Il y en a beaucoup qui pensent que le pain bénit a la même vertu, et il n'est guère de moulins où on n'en conserve toujours à cet effet. Mais Landry n'en avait point; la mère Fadet demeurait tout à côté de la Joncière, et le chagrin ne donne pas beaucoup de raisonnement.

Le voilà donc de courir jusqu'à la demeurance de la mère Fadet, et de lui conter sa peine, en la priant de venir jusqu'à la coupure avec lui pour essayer par son secret de lui faire retrouver son frère, vivant ou mort.

Mais la mère Fadet qui n'aimait point à se voir outrepassée dans sa réputation, et qui n'exposait pas volontiers son talent pour rien, se gaussa de lui et le renvoya même assez durement, parce qu'elle n'était pas contente que, dans le temps, on eût employé la Sagette à sa place, pour les femmes en mal d'enfant au logis de la Bessonnière.

Landry, qui était un peu fier de son naturel, se serait peut être plaint ou fâché dans un autre moment : mais il était si accablé qu'il ne dit mot et s'en retourna du côté de la coupure, décidé à se mettre à l'eau, bien qu'il ne sût encore plonger ni nager. Mais, comme il marchait la tête basse et les yeux fichés en terre, il sentit quelqu'un qui lui tapait l'épaule, et se retournant il vit la petite fille de la mère Fadet, qu'on appelait dans le pays la petite Fadette, autant pour ce que c'était son nom de famille que pour ce qu'on voulait qu'elle fût un peu sorcière aussi. Vous savez tous que le fadet ou le farfadet, qu'en d'autres endroits on appelle aussi le follet, est un lutin fort gentil, mais un peu malicieux. On appelle aussi fades les fées auxquelles, du côté de chez nous, on ne croit plus guère. Mais que cela voulût dire une petite fée, ou la femelle du lutin, chacun en la voyant s'imaginait voir le follet, tant elle était petite, maigre, ébouriflée et hardie. C'était un enfant très-causeur et très-moqueur, vif comme un papillon, curieux comme un rouge-gorge et noir comme un grelet.

Et quand je mets la petite Fadette en comparaison avec un grelet, c'est vous dire qu'elle n'était pas belle, car ce pauvre petit *cricri* des champs est encore plus laid que celui des cheminées. Pourtant, si vous vous souvenez d'avoir été enfant et d'avoir joué avec lui en le faisant enrager, et crier dans votre sabot, vous devez savoir qu'il a une petite figure qui n'est pas sotte, et qui donne plus envie de rire que de se fâcher : aussi les enfants de la Cosse qui ne sont pas plus bêtes que d'autres, et qui, aussi bien que les autres, observent les ressemblances et trouvent les comparaisons, appelaient-ils la petite Fadette le *grelet*, quand ils voulaient la faire enrager mêmement quelquefois par manière d'amitié ; car en la craignant un peu pour sa malice. Ils ne la détestaient point, à cause qu'elle leur faisait toutes sortes de contes et leur apprenait toujours des jeux nouveaux qu'elle avait l'esprit d'inventer.

Mais tous ses noms et surnoms me feraient bien oublier celui qu'elle avait reçu au baptême et que vous auriez peut-être plus tard envie de savoir. Elle s'appelait Françoise; c'est pourquoi sa grand'mère, qui n'aimait point à changer les noms, l'appelait toujours Fanchon.

Comme il y avait depuis longtemps une pique entre les gens de la Bessonnière et la mère Fadet, les bessons ne parlaient pas beaucoup à la petite Fadette, mêmement ils avaient comme un éloignement pour elle, et n'avaient jamais bien volontiers joué avec elle ni avec son petit frère, le *sauteriot*, qui était encore plus sec et plus malin qu'elle, et qui était toujours pendu à son côté, se fâchant quand elle courait sans l'attendre, essayant de lui jeter des pierres quand elle se moquait de lui, enrageant plus qu'il n'était gros, et la faisant enrager plus qu'elle ne voulait, car elle était d'humeur gaie et portée à rire de tout. Mais il y avait une telle idée sur le compte de la mère Fadet, que certains enfants, et notamment ceux du père Barbeau, s'imaginaient que le *grelet* et le *sauteriot*, ou, si vous l'aimez mieux, le grillon et la sauterelle, leur porteraient malheur s'ils faisaient amitié avec eux. Ça n'empêchait point ces deux enfants de leur parler, car ils n'étaient point honteux, et la petite Fadette ne manquait point d'accoster les *bessons*

X

Adoncques le pauvre Landry, en se retournant, un peu ennuyé du coup qu'il venait de recevoir à l'épaule, vit la petite Fadette, et, pas loin derrière elle, Jeanet le sauteriot, qui la suivait en clopant, vu qu'il était ébiganché et mal jambé de naissance.

D'abord Landry voulut ne pas faire attention et continuer son chemin, car il n'était point en humeur de rire, mais la Fadette lui dit, en récidivant sur son autre épaule : « Au loup ! au loup ! Le vilain besson, moitié de gars qui a perdu son autre moitié ! »

Là-dessus Landry, qui n'était pas plus en train d'être insulté que d'être taquiné, se retourna de rechef et allongea à la petite Fadette un coup de poing qu'elle eût bien senti si elle ne l'eût esquivé, car le besson allait sur ses quinze ans, et il n'était pas manchot : et elle, qui allait sur ses quatorze, était si menue et si petite, qu'on ne lui en eût pas donné douze, et qu'à la voir on eût cru qu'elle allait se casser, pour peu qu'on y touchât.

Mais elle était trop avisée et trop alerte pour attendre les coups, et ce qu'elle perdait en force dans les jeux de mains, elle le gagnait en vitesse et en traîtrise. Elle sauta de côté si à point, que, pour bien peu Landry aurait été donné du poing et du nez dans un gros arbre qui se trouvait entre eux.

— Méchant grelet, lui dit alors le pauvre besson tout en colère, il faut que tu n'aies pas de cœur pour venir agacer un quelqu'un qui est dans la peine comme j'y suis. Il y a longtemps que tu veux m'émalicer en m'appelant moitié de garçon. J'ai bien envie aujourd'hui de vous casser en quatre, toi et ton vilain sauteriot, pour voir si, à vous deux, vous ferez le quart de quelque chose de bon.

— Oui-dà, le beau besson de la Bessonnière, seigneur de la Joncière au bord de la rivière, répondit la petite Fadette en ricannant toujours, vous êtes bien sot de vous mettre mal avec moi qui venais vous donner des nouvelles de votre besson et vous dire où vous le retrouverez.

— Ça, c'est différent, reprit Landry en s'appaisant bien vite; si tu le sais, Fadette, dis-le-moi, et j'en serai content.

— Il n'y a pas plus de Fadette que de grêlet pour avoir envie de vous contenter à cette heure, répliqua encore la petite fille. Vous m'avez dit des sottises, et vous m'auriez frappée si vous n'étiez pas si lourd et si pôtu. Cherchez-le donc tout seul, votre imbriaque de besson, puisque vous êtes si savant pour le retrouver.

— Je suis bien sot de t'écouter, méchante fille, dit alors Landry en lui tournant le dos et en se remettant à marcher. Tu ne sais pas plus que moi où est mon frère, et tu n'es pas plus savante là-dessus que ta grand'mère, qui est une vieille menteuse et une pas grand'chose.

Mais la petite Fadette, tirant par une patte son sauteriot, qui avait réussi à la ratrapper et à se pendre à son mauvais jupon tout cendroux, se mit à suivre Landry, toujours ricanant et toujours lui disant que sans elle il ne retrouverait jamais son besson. Si bien que Landry, ne pouvant se débarrasser d'elle, et s'imaginant que, par quelque sorcellerie, sa grand'mère ou peut-être elle-même, par quelque accointance avec le follet de la rivière, l'empêcheraient de retrouver Sylvinet, prit son parti de tirer en sus de la Joncière et de s'en revenir à la maison.

La petite Fadette le suivit jusqu'au sautoir du pré, et là, quand il l'eut descendu, elle se percha comme une pie sur la barre, et lui cria : Adieu donc, le beau besson sans cœur qui laisse son frère derrière lui. Tu auras beau l'attendre pour souper, tu ne le verras pas d'aujourd'hui ni de demain non plus ; car là où il est, il ne bouge non plus qu'une pauvre pierre, et voilà l'orage qui vient. Il y aura des arbres dans la rivière encore cette nuit, et la rivière emportera Sylvinet si loin, si loin, que jamais plus tu ne le retrouveras.

Toutes ces mauvaises paroles, que Landry écoutait quasi malgré lui, lui firent passer la sueur froide par tout le corps. Il n'y croyait pas absolument, mais enfin la famille Fadet était réputée avoir tel entendement avec le diable, qu'on ne pouvait pas être bien assuré qu'il n'en fût rien.

— Allons, Fanchon, dit Landry en s'arrêtant, veux-tu, oui ou non, me laisser tranquille, ou me dire si, de vrai, tu sais quelque chose de mon frère ?

— Et qu'est-ce que tu me donneras, si, avant que la pluie ait commencé de tomber, je te le fais retrouver? dit la Fadette en se dressant debout sur la barre du sautoir et en remuant les bras comme si elle voulait s'envoler.

Landry ne savait pas ce qu'il pouvait lui promettre, et il commençait à croire qu'elle voulait l'affiner pour lui tirer quelque argent. Mais le vent qui soufflait dans les arbres et le tonnerre qui commençait à gronder lui mettaient dans le sang comme une fièvre de peur. Ce n'est pas qu'il craignît l'orage, mais, de fait, cet orage-là était venu tout d'un coup et d'une manière qui ne lui paraissait pas naturelle. Possible est que, dans son tourment, Landry ne l'eût pas vu monter derrière les arbres de la rivière, d'autant plus que se tenant depuis deux heures dans le fond du Val, il n'avait pu voir le ciel que dans le moment où il avait gagné le haut. Mais, en fait, il ne s'était avisé de l'orage qu'au moment où la petite Fadette le lui avait annoncé; et, tout aussitôt, son jupon s'était enflé; ses vilains cheveux noirs sortant de sa coiffe, qu'elle avait toujours mal attachée, et quintant sur une oreille, s'étaient dressés comme des crins; le sauteriot avait eu sa casquette emportée par un grand coup de vent, et c'était à grand'peine que Landry avait pu empêcher son chapeau de s'envoler aussi.

Et puis, le ciel, en deux minutes, était devenu tout noir, et la Fadette, debout sur la barre, lui paraissait deux fois plus grande qu'à l'ordinaire; enfin Landry avait peur, il faut bien le confesser.

— Fanchon, lui dit-il, je me rends à toi, si tu me rends mon frère. Tu l'as peut-être vu; tu sais peut-être bien où il est. Sois bonne fille. Je ne sais pas quel amusement tu peux trouver dans ma peine. Montre-moi ton bon cœur, et je croirai que tu vaux mieux que ton air et tes paroles.

—Et pourquoi serais-je bonne fille pour

toi? reprit-elle, quand tu me traites de méchante sans que je t'aie jamais fait de mal ! Pourquoi aurais-je bon cœur pour deux bessons qui sont fiers comme deux coqs, et qui ne m'ont jamais montré la plus petite amitié ?

— Allons, Fadette, reprit Landry, tu veux que je te promette quelque chose ; dis-moi vite de quoi tu as envie, et je te le donnerai. Veux-tu mon couteau neuf ?

— Fais-le voir, dit la petite Fadette, en sautant comme une grenouille à côté de lui.

Et quand elle eut vu le couteau, qui n'était pas vilain et que le parrain de Landry avait payé dix sous à la dernière foire, elle en fut tentée un moment ; mais bientôt, trouvant que c'était trop peu, elle lui demanda s'il lui donnerait bien plutôt sa petite poule blanche, qui n'était pas plus grosse qu'un pigeon, et qui avait des plumes jusqu'au bout des doigts.

— Je ne peux pas te promettre ma poule blanche, parce qu'elle est à ma mère, répondit Landry; mais je te promets de la demander pour toi, et je répondrais que ma mère ne la refusera pas, parce qu'elle sera si contente de revoir Sylvinet, que rien ne lui coûtera pour te récompenser.

— Oui dà! reprit la petite Fadette, et si j'avais envie de votre chebril à nez noir, la mère Barbeau me le donnerait-elle aussi?

— Mon Dieu! mon Dieu! que tu es donc longue à te décider, Fanchon! Tiens, il n'y a qu'un mot qui serve : si mon frère est dans le danger et que tu me conduises tout de suite auprès de lui, il n'y a pas à notre logis de poule ni de poulette, de chèvre ni de chevrillon que mon père et ma mère, j'en suis très-certain, ne voulussent te donner en remerciement.

— Eh bien! nous verrons ça, Landry, dit la petite Fadette en tendant sa petite main sèche au besson, pour qu'il y mît la sienne en signe d'accord, ce qu'il ne fit pas sans trembler un peu, car, dans ce moment-là, elle avait des yeux si ardents qu'on eût dit le lutin en personne. Je ne te dirai pas à présent ce que je veux de toi, je ne le sais peut-être pas encore : mais souviens-toi bien de ce que tu me promets à cette heure, et, si tu y manques, je ferai savoir à tout le monde qu'il n'y a pas de fiance à avoir dans la parole du besson

Landry. Je te dis adieu ici, et n'oublie point que je ne te réclamerai rien jusqu'au jour où je me serai décidée à t'aller trouver pour te requérir d'une chose qui sera à mon commandement et que tu feras sans retard ni regret.

— A la bonne heure! Fadette, c'est promis, c'est signé, dit Landry en lui tapant dans la main.

— Allons! dit-elle d'un air tout fier et tout content, retourne de ce pas au bord de la rivière; descends-la jusqu'à ce que tu entendes bêler; et où tu verras un agneau bureau, tu verras aussitôt ton frère : si cela n'arrive pas comme je te le dis, je te tiens quitte de ta parole.

Là-dessus le grelet, prenant le sauteriot sous son bras, sans faire attention que la chose ne lui plaisait guère et qu'il se démenait comme une anguille, sauta tout au milieu des buissons; et Landry ne les vit et ne les entendit non plus que s'il avait rêvé. Il ne perdit point de temps à se demander si la petite Fadette s'était moquée de lui. Il courut d'une haleine jusqu'au bas de la joncière; il la suivit jusqu'à la coupure, et là, il allait passer outre sans y descendre, parce qu'il avait assez questionné l'endroit pour être assuré que Sylvinet n'y était point; mais, comme il allait s'en éloigner, il entendit bêler un agneau.

— Dieu de mon âme, pensa-t-il, cette fille m'a annoncé la chose ; j'entends l'agneau, mon frère est là. Mais s'il est mort ou vivant, je ne peux le savoir.

Et il sauta dans la coupure et entra dans les broussailles. Son frère n'y était point; mais, en suivant le fil de l'eau, à dix pas de là, et toujours entendant l'agneau bêler, Landry vit sur l'autre rive son frère assis, avec un petit agneau qu'il tenait dans sa blouse, et qui, pour le vrai, était bureau de couleur depuis le bout du nez jusqu'au bout de la queue.

Comme Sylvinet était bien vivant et ne paraissait gâté ni déchiré dans sa figure et dans son habillement, Landry fut si aise qu'il commença par remercier le bon Dieu dans son cœur, sans songer à lui demander pardon d'avoir eu recours à la science du diable pour avoir ce bonheur-là. Mais, au moment où il allait appeler Sylvinet, qui ne le voyait pas encore, et ne faisait pas mine de l'entendre, à cause du bruit de l'eau qui grouillait fort sur les cailloux en cet endroit, il s'arrêta à le regarder; car il était étonné de le trouver comme la petite Fadette le lui avait prédit, tout au milieu des arbres que le vent tourmentait furieusement, et ne bougeant non plus qu'une pierre.

Chacun sait pourtant qu'il y a danger à rester au bord de notre rivière quand le grand vent se lève. Toutes les rives sont minées en dessous et il n'est point d'orage qui, dans la quantité, ne déracine quelques-uns de ces vergnes qui sont toujours courts en racines, à moins qu'ils ne soient très-gros et très-vieux, et qui vous tomberaient fort bien sur le corps sans vous avertir. Mais Sylvinet, qui n'était pourtant ni plus simple ni plus fou qu'un autre, ne paraissait pas tenir compte du danger. Il n'y pensait pas plus que s'il se fût trouvé à l'abri dans une bonne grange. Fatigué de courir tout le jour et de vaguer à l'aventure, si, par bonheur, il ne s'était pas noyé dans la rivière, on pouvait toujours bien dire qu'il s'était noyé dans son chagrin et dans son dépit, au point de rester là comme une souche, les yeux fixés sur le courant de l'eau, la figure aussi pâle qu'une fleur de nape (1), la bouche à demi ouverte comme un petit poisson qui bâille comme au soleil, les cheveux tout emmêlés par le vent, et ne faisant pas même attention à son petit agneau, qu'il avait rencontré égaré dans les prés, et dont il avait eu pitié. Il l'avait

(1) Napée, Nymphæa, Nénuphar.

bien pris dans sa blouse pour le rapporter à son logis ; mais, chemin faisant, il avait oublié de demander à qui l'agneau perdu. Il l'avait là sur ses genoux, et le laissait crier sans l'entendre, malgré que le pauvre petit lui faisait une voix désolée et regardait tout autour de lui avec de gros yeux clairs, étonné de ne pas être écouté de quelqu'un de son espèce, et ne reconnaissant ni son pré, ni sa mère, ni son étable, dans cet endroit tout ombragé et tout herbu, devant un gros courant d'eau qui, peut-être bien, lui faisait grand'peur.

XI

XI

Si Landry n'eût pas été séparé de Sylvinet par la rivière, qui n'est large, dans tout son parcours, de plus de quatre ou cinq mètres (comme on dit dans ces temps nouveaux), mais qui est, par endroits, aussi creuse que large, il eût, pour sûr, sauté sans plus de réflexion au cou de son frère.

Mais Sylvinet ne le voyant même pas, il eut le temps de penser à la manière dont il l'éveillerait de sa rêvasserie, et dont, par persuasion, il le ramènerait à la maison; car si ce n'était pas l'idée de ce pauvre boudeur, il pouvait bien tirer d'un autre côté, et Landry n'aurait pas de sitôt trouvé un gué ou une passerelle pour aller le rejoindre.

Landry ayant donc un peu songé en lui-même, se demanda comment son père, qui avait de la raison et de la prudence pour quatre, agirait en pareille rencontre; et il s'avisa bien à propos que le père Barbeau s'y prendrait tout doucement et sans faire semblant de rien, pour ne pas montrer à Sylvinet combien il avait causé d'angoisse, et ne lui occasionner trop de repentir, ni l'encourager trop à recommencer dans un autre jour de dépit.

Il se mit donc à siffler comme s'il appelait les merles pour les faire chanter, ainsi que font les pâtours quand ils suivent les buissons à la nuit tombante. Cela fit lever la tête à Sylvinet, et, voyant son frère, il eut honte et se leva vitement, croyant n'avoir pas été vu. Alors Landry fit comme s'il l'apercevait, et lui dit sans beaucoup crier, car la rivière ne chantait pas assez haut pour empêcher de s'entendre :

— Hé, mon Sylvinet, tu es donc là ? Je t'ai attendu tout ce matin, et voyant que tu étais sorti pour si longtemps, je suis venu me promener par ici, en attendant le souper, où je comptais bien te retrouver à la maison ; mais puisque te voilà, nous rentrerons ensemble. Nous allons descendre la rivière, chacun sur une rive, et nous nous joindrons au gué des Roulettes. (C'était le gué qui se trouvait au droit de la maison à la mère Fadet.)

— Marchons, dit Sylvinet en ramassant son agneau, qui, ne le connaissant pas depuis longtemps, ne le suivait pas volontiers de lui-même; et ils descendirent la rivière sans trop oser se regarder l'un l'autre, car ils craignaient de se faire voir la peine qu'ils avaient d'être fâchés et le plaisir qu'ils sentaient de se retrouver. De temps en temps, Landry, toujours pour paraître ne pas croire au dépit de son frère, lui disait une parole ou deux, tout en marchant. Il lui demanda d'abord où il avait pris ce petit agneau bureau, et Sylvinet ne pouvait trop le dire, car il ne voulait point avouer qu'il avait été bien loin et qu'il ne savait pas même le nom des endroits où il avait passé. Alors Landry, voyant son embarras, lui dit :

— Tu me conteras cela plus tard, car le vent est grand, et il ne fait pas trop bon à être sous les arbres le long de l'eau; mais, par bonheur, voilà l'eau du ciel qui commence à tomber, et le vent ne tardera pas à tomber aussi.

Et en lui-même, il se disait : C'est pourtant vrai que le grelet m'a prédit que je le retrouverais avant que la pluie ait commencé. Pour sûr, cette fille-là en sait plus long que nous.

Il ne se disait point qu'il avait passé un

bon quart d'heure à s'expliquer avec la mère Fadet, tandis qu'il la priait et qu'elle refusait de l'écouter, et que la petite Fadette, qu'il n'avait vue qu'en sortant de la maison, pouvait bien avoir vu Sylvinet pendant cette explication-là. Enfin, l'idée lui en vint; mais comment savait-elle si bien de quoi il était en peine, lorsqu'elle l'avait accosté, puisqu'elle n'était point là du temps qu'il s'expliquait avec la vieille? Cette fois, l'idée ne lui vint pas qu'il avait déjà demandé son frère à plusieurs personnes en venant à la Joncière, et que quelqu'un avait pu en parler devant la petite Fadette; ou bien, que cette petite pouvait avoir écouté la fin de son discours avec la grand'mère, en se cachant comme elle faisait souvent pour connaître tout ce qui pouvait contenter sa curiosité.

De son côté, le pauvre Sylvinet pensa aussi en lui-même à la manière dont il expliquerait son mauvais comportement vis-à-vis de son frère et de sa mère, car il ne s'était point attendu à la feinte de Landry, et il ne savait quelle histoire lui faire, lui qui n'avait menti de sa vie, et qui n'avait jamais rien caché à son besson.

Aussi, se trouva-t-il bien mal à l'aise en passant le gué; car il était venu jusque-là sans rien trouver pour se sortir d'embarras.

Sitôt qu'il fut sur la rive, Landry l'embrassa; et, malgré lui, il le fit avec encore plus de cœur qu'il n'avait coutume; mais il se retint de le questionner, car il vit bien qu'il ne saurait que dire, et il le ramena à la maison, lui parlant de toutes sortes de choses autres que celle qui leur tenait à cœur à tous les deux. En passant devant la maison de la mère Fadet, il regarda bien s'il verrait la petite Fadette, et il se sentait une envie d'aller la remercier. Mais la porte était fermée et on n'entendait pas d'autre bruit que la voix du sauteriot qui beuglait, parce que sa grand'mère l'avait fouaillé, ce qui lui arrivait tous les soirs, qu'il l'eût mérité ou non.

Cela fit de la peine à Sylvinet, d'entendre pleurer ce galopin, et il dit à son frère : « Voilà une vilaine maison où l'on entend toujours des cris ou des coups. Je sais bien qu'il n'y a rien de si mauvais, et de si diversieux que ce sauteriot ; et, quant au grelet, je n'en donnerais pas deux sous. Mais ces enfants-là sont malheureux de n'avoir plus ni père ni mère, et d'être dans la dépendance de cette vieille charmeuse, qui est toujours en malice, et qui ne leur passe rien.

— Ce n'est pas comme ça chez nous, répondit Landry. Jamais nous n'avons reçu de père ni de mère le moindre coup, et mêmement quand on nous grondait de nos malices d'enfant, c'était avec tant de douceur et d'honnêteté, que les voisins ne l'entendaient point. Il y en a comme ça qui sont trop heureux, et qui ne connaissent point leurs avantages ; et pourtant, la petite Fadette, qui est l'enfant le plus malheureux et le plus maltraité de la terre, rit toujours et ne se plaint jamais de rien.

Sylvinet comprit le reproche et eut du regret de sa faute. Il en avait déjà bien eu depuis le matin, et, vingt fois, il avait eu envie de revenir ; mais la honte l'avait retenu. Dans ce moment, son cœur grossit, et il pleura sans rien dire ; mais son frère le prit par la main en lui disant : Voilà une rude pluie, mon Sylvinet ; allons-nous-en d'un galop à la maison. Ils se mirent donc à courir, Landry essayant de faire rire Sylvinet, qui s'y efforçait pour le contenter.

Pourtant, au moment d'entrer dans la maison, Sylvinet avait envie de se cacher dans la grange, car il craignait que son père ne lui fît reproche. Mais le père Barbeau, qui ne prenait pas les choses tant au sérieux que sa femme, se contenta de le plaisanter ; et la mère Barbeau, à qui son

mari avait fait sagement la leçon, essaya
de lui cacher le tourment qu'elle avait eu.
Seulement, pendant qu'elle s'occupait de
faire sécher ses bessons devant un bon feu
et de leur donner à souper, Sylvinet vit
bien qu'elle avait pleuré, et que, de temps
en temps, elle le regardait d'un air d'inquiétude et de chagrin. S'il avait été seul
avec elle, il lui aurait demandé pardon, et
il l'aurait tant caressée qu'elle se fût con-
solée. Mais le père n'aimait pas beaucoup
toutes ces mijoteries, et Sylvinet fut obligé
d'aller au lit tout de suite après souper,
sans rien dire, car la fatigue le surmontait.
Il n'avait rien mangé de la journée; et,
aussitôt qu'il eut avalé son souper, dont il
avait grand besoin, il se sentit comme
ivre, et force lui fut de se laisser désha-

biller et coucher par son besson, qui resta à côté de lui, assis sur le bord de son lit, et lui tenant une main dans la sienne.

Quand il le vit bien endormi, Landry prit congé de ses parents et ne s'aperçut point que sa mère l'embrassait avec plus d'amour que les autres fois. Il croyait toujours qu'elle ne pouvait pas l'aimer autant que son frère, et il n'en était point jaloux, se disant qu'il était moins aimable et qu'il n'avait que la part qui lui était due. Il se soumettait à cela autant par respect pour sa mère que par amitié pour son besson, qui avait, plus que lui, besoin de caresses et de consolation.

Le lendemain, Sylvinet courut au lit de la mère Barbeau avant qu'elle fût levée, et, lui ouvrant son cœur, lui confessa son regret et sa honte. Il lui conta comme quoi il se trouvait bien malheureux depuis quelque temps, non plus tant à cause qu'il était séparé de Landry, que parce qu'il s'imaginait que Landry ne l'aimait point. Et quand sa mère le questionna sur cette injustice, il fut bien empêché de la motiver, car c'était en lui comme une maladie dont il ne se pouvait défendre. La mère le comprenait mieux qu'elle ne voulait en avoir l'air, parce que le cœur d'une femme est aisément pris de ces tourments-là, et elle-même s'était souvent ressentie de souffrir en voyant Landry si tranquille dans son courage et dans sa vertu. Mais, cette fois, elle reconnaissait que la jalousie est mauvaise dans tous les amours, même dans ceux que Dieu nous

commande le plus, et elle se garda bien
d'y encourager Sylvinet. Elle lui fit ressortir la peine qu'il avait causée à son
frère, et la grande bonté que son frère
avait eue de ne pas s'en plaindre ni s'en
montrer choqué. Sylvinet le reconnut
aussi et convint que son frère était meilleur chrétien que lui. Il fit promesse et
forma résolution de se guérir, et sa volonté
y était sincère.

Mais, malgré lui, et bien qu'il prît un
air consolé et satisfait, encore que sa mère
eût essuyé toutes ses larmes et répondu à
toutes ses plaintes par des raisons très-fortifiantes, encore qu'il fît tout son possible
pour agir simplement et justement avec
son frère, il lui resta sur le cœur un levain d'amertume. « Mon frère, pensait-il

malgré lui, est le plus chrétien et le plus juste de nous deux, ma chère mère le dit et c'est la vérité ; mais s'il m'aimait aussi fort que je l'aime, il ne pourrait pas se soumettre comme il le fait. » Et il songeait à l'air tranquille et quasi indifférent que Landry avait eu en le retrouvant au bord de la rivière. Il se remémorait comme il l'avait entendu siffler aux merles en le cherchant, au moment où, lui, pensait véritablement à se jeter dans la rivière. Car s'il n'avait pas eu cette idée en quittant la maison, il l'avait eue plus d'une fois, vers le soir, croyant que son frère ne lui pardonnerait jamais de l'avoir boudé et évité pour la première fois de sa vie. « Si c'était lui qui m'eût fait cet affront, pensait-il, je ne m'en serais jamais consolé.

Je suis bien content qu'il me l'ait pardonné, mais je pensais pourtant qu'il ne me le pardonnerait pas si aisément. » Et là-dessus, cet enfant malheureux soupirait tout en se combattant et se combattait tout en soupirant.

Pourtant, comme Dieu nous récompense et nous aide toujours, pour peu que nous ayons bonne intention de lui complaire, il arriva que Sylvinet fut plus raisonnable pendant le reste de l'année ; qu'il s'abstint de quereller et de bouder son frère, qu'il l'aima enfin plus paisiblement, et que sa santé, qui avait souffert de toutes ces angoisses, se rétablit et se fortifia. Son père le fit aussi travailler davantage, s'apercevant que moins il s'écoutait, mieux il s'en trouvait. Mais le travail qu'on fait chez ses parents n'est jamais aussi rude que celui qu'on a de commande chez les autres. Aussi Landry, qui ne s'épargnait guère, prit-il plus de force et plus de taille cette année-là que son besson. Les petites différences qu'on avait toujours observées entre eux devinrent plus marquantes, et, de leur esprit, passèrent sur leur figure. Landry, après qu'ils eurent compté quinze ans, devint tout à fait beau garçon, et Sylvinet resta un joli jeune homme, plus mince et moins en couleuré que son frère. Aussi, on ne les prenait plus jamais l'un pour l'autre, et, malgré qu'ils se ressemblaient toujours comme deux frères, on ne voyait plus du même coup qu'ils étaient bessons. Landry, qui était censé le cadet, étant né une heure après Sylvinet, paraissait à ceux qui les voyaient pour la première fois, l'aîné d'un an ou deux. Et cela augmentait l'amitié du père Barbeau, qui, à la vraie manière des gens de campagne, estimait la force et la taille avant tout.

XII

XII

Dans les premiers temps qui ensuivirent l'aventure de Landry avec la petite Fadette, ce garçon eut quelque souci de la promesse qu'il lui avait faite. Dans le moment où elle l'avait sauvé de son inquiétude, il se serait engagé pour ses père et mère à donner tout ce qu'il y avait de meilleur à la Bessonnière : mais quand il vit que le père Barbeau n'avait pas pris bien au sérieux la bouderie de Sylvinet et n'avait point montré d'inquiétude, il craignit bien que, lorsque la petite Fadette viendrait réclamer sa récompense, son père ne la mît à la porte en se moquant de sa belle science et de la belle parole que Landry lui avait donnée.

Cette peur-là rendait Landry tout honteux en lui-même, et à mesure que son chagrin s'était dissipé, il s'était jugé bien simple d'avoir cru voir de la sorcellerie dans ce qui lui était arrivé. Il ne tenait pas pour certain que la petite Fadette se fût gaussée de lui, mais il sentait bien qu'on pouvait avoir du doute là-dessus, et il ne trouvait pas de bonnes raisons à donner à son père pour lui prouver qu'il avait bien fait de prendre un engagement de si grosse conséquence ; d'un autre côté, il ne voyait pas non plus comment il romprait un pareil engagement, car il avait juré sa foi et il l'avait fait en âme et conscience.

Mais, à son grand étonnement, ni le lendemain de l'affaire, ni le surlendemain, ni dans la semaine, ni dans le mois, ni dans la saison, il n'entendit parler de la petite Fadette à la Bessonnière ni à la Priche. Elle ne se présenta ni chez le père Caillaud pour demander à parler à Landry, ni chez le père Barbeau pour réclamer aucune chose, et lorsque Landry la vit au loin dans les champs, elle n'alla point de son côté et ne parut point faire attention à lui, ce qui était contre sa coutume, car elle courait après tout le monde, soit pour regarder par curiosité, soit pour rire, jouer et badiner avec ceux qui étaient de bonne humeur, soit pour tancer et railler ceux qui ne l'étaient point.

Mais la maison de la mère Fadet étant également voisine de la Priche et de la Cosse, il ne se pouvait faire qu'un jour ou l'autre, Landry ne se trouvât nez contre nez avec la petite Fadette dans un chemin ; et, quand le chemin n'est pas large, c'est bien force de se donner une tape ou de se dire un mot en passant.

C'était un soir que la petite Fadette rentrait ses oies, ayant toujours son sauteriot sur ses talons ; et Landry, qui avait été chercher les juments au pré, les ramenait tout tranquillement à la Priche ; si bien qu'ils se croisèrent dans le petit chemin qui descend de la Croix des bossons, au gué des Roulettes, et qui est si bien fondu entre deux encaissements, qu'il n'y est point moyen de s'éviter. Landry devint tout rouge, pour la peur qu'il avait de s'ententendre sommer de sa parole, et, ne voulant point encourager la Fadette, il sauta sur une des juments du plus loin qu'il la vit, et joua des sabots pour prendre le trot; mais comme toutes les juments avaient les enfarges aux pieds, celle qu'il avait enfourchée n'avança pas plus vite pour cela. Landry se voyant tout près de la petite Fadette, n'osa la regarder, et fit mine de se retourner, comme pour voir si les poulains le suivaient. Quand il regarda devant lui, la Fadette l'avait déjà dépassé, et elle ne lui avait rien dit ; il ne savait même point si elle l'avait regardé, et si des yeux ou du rire elle l'avait sollicité de lui dire bonsoir. Il ne vit que Jeanet le sauteriot qui, toujours traversieux et méchant, ramassa une pierre pour la jeter dans les jambes de sa jument. Landry eut bonne envie de lui allonger un coup de fouet, mais il eut peur de s'arrêter et d'avoir explication avec la sœur. Il ne fit donc pas mine de s'en apercevoir et s'en fut sans regarder derrière lui.

Toutes les autres fois que Landry rencontra la petite Fadette, ce fut à peu près de même. Peu à peu, il s'enhardit à la regarder ; car, à mesure que l'âge et la raison lui venaient, il ne s'inquiétait plus tant d'une si petite affaire. Mais lorsqu'il eut pris le courage de la regarder tranquillement, comme pour attendre n'importe quelle chose elle voudrait lui dire, il fut étonné de voir que cette fille faisait exprès de tourner la tête d'un autre côté, comme si elle eût eu de lui la même peur qu'il avait eue d'elle. Cela l'enhardit tout à fait vis-à-vis de lui-même, et, comme il avait le cœur juste, il se demanda s'il n'avait pas eu grand tort de ne jamais la remercier du plaisir que, soit par science, soit par hasard, elle lui avait causé. Il prit la résolution de l'aborder la première fois qu'il la verrait, et ce moment-là étant venu, il fit au moins dix pas de son côté pour commencer à lui dire bonjour et à causer avec elle.

Mais, comme il s'approchait, la petite Fadette prit un air fier et quasi fâché; et se décidant enfin à le regarder, elle le fit d'une manière si méprisante, qu'il en fut tout démonté et n'osa point lui porter la parole.

Ce fut la dernière fois de l'année que Landry la rencontra de près, car, à partir de ce jour-là, la petite Fadette, menée par je ne sais pas quelle fantaisie, l'évita si bien, que du plus loin qu'elle le voyait, elle tournait d'un autre côté, entrait dans un héritage, ou faisait un grand détour pour ne le point voir. Landry pensa qu'elle était fâchée de ce qu'il avait été ingrat envers elle ; mais sa répugnance était si grande qu'il ne sut se décider à rien tenter pour réparer son tort. La petite Fadette n'était pas un enfant comme un autre. Elle n'était pas ombrageuse de son naturel, et même, elle ne l'était pas assez, car elle aimait à provoquer les injures ou les moqueries, tant elle se sentait la langue bien affilée pour y répondre et avoir toujours le dernier et le plus piquant mot. On ne l'avait jamais vue bouder et on lui reprochait de manquer de la fierté qui convient à une fillette lorsqu'elle prend déjà quinze ans et commence à se ressentir d'être quelque chose. Elle avait toujours les allures d'un gamin, et mêmement elle affectait de tourmenter souvent Sylvinet, de le déranger et de le pousser à bout, lorsqu'elle le surprenait dans les rêvasseries où il s'oubliait encore quelquefois. Elle le suivait toujours pendant un bout de chemin, lorsqu'elle le rencontrait; se moquant de sa *bessonnerie*, et lui tourmentant le cœur en lui disant que Landry ne l'aimait point et se moquait de sa peine. Aussi le pauvre Sylvinet qui, encore plus que Landry, la croyait sorcière, s'étonnait-il qu'elle devinât ses pensées et la détestait bien cordialement. Il avait du mépris pour elle et pour sa famille, et, comme elle évitait Landry, il évitait ce méchant grelet, qui, disait-il, suivrait tôt ou tard l'exemple de sa mère, laquelle avait mené une mauvaise conduite, quitté son mari et finalement suivi les soldats. Elle était partie comme vivandière peu de temps après la naissance du sauteriot, et, depuis, on n'en avait jamais entendu parler. Le mari était mort de chagrin et de honte, et c'est comme cela que la vieille mère Fadet avait été obligée de se charger des deux enfants, qu'elle soignait fort mal, tant à cause de sa chicherie que de son âge avancé, qui ne lui permettait guère de les surveiller et de les tenir proprement.

Pour toutes ces raisons, Landry, qui n'était pourtant pas aussi fier que Sylvinet, se sentait du dégoût pour la petite Fadette, et, regrettant d'avoir eu des rapports avec elle, il se gardait bien de le faire connaître à personne. Il le cacha même à son besson, ne voulant pas lui confesser l'inquiétude qu'il avait eue à son sujet ; et, de son côté, Sylvinet lui cacha toutes les méchancetés de la petite Fadette envers lui, ayant honte de dire qu'elle avait eu divination de sa jalousie.

Mais le temps se passait. A l'âge qu'avaient nos bessons, les semaines sont comme des mois et les mois comme des ans, pour le changement qu'ils amènent dans le corps et dans l'esprit. Bientôt Landry oublia son aventure, et, après s'être un peu tourmenté du souvenir de la Fadette, n'y pensa non plus que s'il en eût fait le rêve.

Il y avait déjà environ dix mois que Landry était entré à la Priche, et on approchait de la Saint-Jean, qui était l'époque de son engagement avec le père Caillaud. Ce brave homme était si content de lui qu'il était bien décidé à lui augmenter son gage plutôt que de le voir partir; et Landry ne demandait pas mieux que de rester dans le voisinage de sa famille et de renouveler avec les gens de la Priche qui lui convenaient beaucoup. Mêmement, il se sentait venir une petite amitié pour une nièce du père Caillaud qui s'appelait Madelon et qui était un beau brin de fille. Elle avait un an de plus que lui et le traitait encore un peu comme un enfant; mais cela diminuait de jour en jour, et, tandis qu'au commencement de l'année elle se moquait de lui lorsqu'il avait honte de l'embrasser aux jeux ou à la danse, sur la fin, elle rougissait au lieu de le provoquer, et ne restait plus seule avec lui dans l'étable ou dans le fenil. La Madelon n'était point pauvre, et un mariage entre eux eût bien pu s'arranger par la suite du temps. Les deux familles étaient bien famées et tenues en estime par tout le pays. Enfin, le père Caillaud, voyant ces deux enfants qui commençaient à se chercher et à se craindre, disait au père Barbeau que ça pourrait bien faire un beau couple, et qu'il n'y avait point de mal à leur laisser faire bonne et longue connaissance.

Il fut donc convenu, huit jours avant la Saint-Jean, que Landry resterait à la Priche, et Sylvinet chez ses parents; car la raison était assez bien revenue à celui-ci, et le père Barbeau ayant pris les fièvres, cet enfant savait se rendre très-utile au travail de ses terres. Sylvinet avait eu grand'-peur d'être envoyé au loin, et cette crainte-là avait agi sur lui en bien; car, de plus en plus, il s'efforçait à vaincre l'excédant de son amitié pour Landry, ou du moins ne point trop le laisser paraître. La paix et le contentement étaient donc revenus à la Bessonnière, quoique les bessons ne se vissent plus qu'une ou deux fois la semaine. La Saint-Jean fut pour eux un jour de bonheur ; ils allèrent ensemble à la ville pour voir la loue des serviteurs de ville et de campagne, et la fête qui s'ensuit sur la grande place. Landry dansa plus d'une bourrée avec la belle Madelon ; et Sylvinet, pour lui complaire, essaya de danser aussi. Il ne s'en tirait pas trop bien ; mais la Madelon, qui lui témoignait beaucoup d'égards, le prenait par la main, en vis-à-vis, pour l'aider à marquer le pas ; et Sylvinet, se trouvant ainsi avec son frère, promit d'apprendre à bien danser, afin de partager un plaisir où jusque-là il avait gêné Landry.

Il ne se sentait pas trop de jalousie contre Madelon, parce que Landry était encore sur la réserve avec elle. Et d'ailleurs, Madelon flattait et encourageait Sylvinet. Elle était sans gêne avec lui, et quelqu'un qui ne s'y connaîtrait pas aurait jugé que c'était celui des bessons qu'elle préférait. Landry eût pu en être jaloux, s'il n'eût été, par nature, ennemi de la jalousie; et peut-être un je ne sais quoi lui disait-il, malgré sa grande innocence, que Madelon n'agissait ainsi que pour lui faire plaisir et avoir occasion de se trouver plus souvent avec lui.

Toutes choses allèrent donc pour le mieux pendant environ trois mois, jusqu'au jour de la Saint-Andoche, qui est la fête patronale du bourg de la Cosse, et qui tombe aux derniers jours de septembre.

Ce jour-là, qui était toujours pour les deux bessons une grande et belle fête, parce qu'il y avait danse et jeux de toutes sortes sous les grands noyers de la paroisse, amena pour eux de nouvelles peines auxquelles ils ne s'attendaient mie.

Le père Caillaud ayant donné licence à Landry d'aller dès la veille coucher à la Bessonnière, afin de voir la fête sitôt le matin, Landry partit avant souper, bien content d'aller surprendre son besson, qui ne l'attendait que le lendemain. C'est la saison où les jours commencent à être courts et où la nuit tombe vite. Landry n'avait jamais peur de rien en plein jour; mais il n'eût pas été de son âge et de son pays s'il avait aimé à se trouver seul la nuit sur les chemins, surtout dans l'automne, qui est une saison où les sorciers et les follets commencent à se donner du bon temps, à cause des brouillards qui les aident à cacher leurs malices et maléfices. Landry, qui avait coutume de sortir seul à toute heure pour mener ou rentrer ses bœufs, n'avait pas précisément grand souci, ce soir-là, plus qu'un autre soir; mais il marchait vite et chantait fort, comme on fait toujours quand le temps est noir, car on sait que le chant de l'homme dérange et écarte les mauvaises bêtes et les mauvaises gens.

Quand il fut au droit du gué des Roulettes, qu'on appelle de cette manière à cause des cailloux ronds qui s'y trouvent en grande quantité, il releva un peu les jambes de son pantalon; car il pouvait y avoir de l'eau jusqu'au-dessus de la cheville du pied, et il fit bien attention à ne pas marcher devant lui, parce que le gué est établi en biaisant, et qu'à droite comme à gauche il y a de mauvais trous. Landry connaissait si bien le gué qu'il ne pouvait guère s'y tromper. D'ailleurs on voyait de là, à travers les arbres qui étaient plus d'à moitié dépouillés de feuilles, la petite clarté qui sortait de la maison de la mère Fadet ; et en regardant cette clarté, pour peu qu'on marchât dans la direction, il n'y avait point chance de faire mauvaise route.

Il faisait si noir sous les arbres, que Landry tâta pourtant le gué avec son bâton avant d'y entrer. Il fut étonné de trouver l'eau plus haute que de coutume, d'autant plus qu'il entendait le bruit des écluses qu'on avait ouvertes depuis une bonne heure. Pourtant, comme il voyait bien la lumière de la croisée à la Fadette, il se risqua. Mais, au bout de deux pas, il avait de l'eau plus haut que le genou et il se retira, jugeant qu'il s'était trompé. Il essaya un peu plus haut et un peu plus bas, et, là comme là, il trouva le creux encore davantage. Il n'avait pas tombé de pluie, les écluses grondaient toujours: la chose était donc bien surprenante.

XIII

— Il faut, pensa Landry, que j'aie pris le faux chemin de la charrière ; car, pour le coup, je vois à ma droite la chandelle de la Fadette, qui devrait être sur ma gauche. Il remonta le chemin jusqu'à la Croix-au-Lièvre, et il en fit le tour les yeux fermés pour se désorienter ; et quand il eut bien remarqué les arbres et les buissons autour de lui, il se trouva dans le bon chemin et revint jouxter à la rivière. Mais bien que le gué lui parût commode, il n'osa point y faire plus de trois pas, pour ce qu'il vit tout d'un coup, presque derrière lui, la clarté de la maison Fadette, qui aurait dû être juste en face. Il revint à la rive, et cette clarté lui parut être alors comme elle devait se trouver. Il reprit le gué en biaisant dans un autre sens, et, cette fois, il eut de l'eau presque jusqu'à la ceinture. Il avançait toujours cependant, augurant qu'il avait rencontré un trou, mais qu'il allait en sortir en marchant vers la lumière.

Il fit bien de s'arrêter, car le trou se creusait toujours, et il en avait jusqu'aux épaules. L'eau était bien froide, et il resta un moment à se demander s'il reviendrait sur ses pas; car la lumière lui paraissait avoir changé de place, et mêmement il la vit remuer, courir, sautiller, repasser d'une rive à l'autre et finalement se montrer double en se mirant dans l'eau, où elle se tenait comme un oiseau qui se balance sur ses ailes, et en faisant entendre un petit bruit de grésillement comme ferait une pétrole de résine.

Cette fois Landry eut peur et faillit perdre la tête, car il vit bien que c'était le feu follet, et il avait ouï dire qu'il n'y a rien de plus abusif et de plus méchant que ce feu-là; qu'il se faisait un jeu d'égarer ceux qui le regardent et de les conduire au plus creux des eaux, tout en riant à sa manière et en se moquant de leur angoisse.

Landry ferma les yeux pour ne point le voir, et se retournant vivement, à tout risque, il sortit du trou, et se retrouva au rivage. Il se jeta alors sur l'herbe, et regarda le follet qui poursuivait sa danse et son rire. C'était vraiment une vilaine chose à voir. Tantôt il filait comme un martin-pêcheur, et tantôt il disparaissait tout à fait. Et d'autres fois, il devenait gros comme la tête d'un bœuf, et tout aussitôt menu comme un œil de chat; et il accourait auprès de Landry, tournait autour de lui si vite, qu'il en était ébloui; et enfin, voyant qu'il ne voulait pas le suivre, il s'en retournait frétiller dans les roseaux, où il avait l'air de se fâcher et de lui dire des insolences.

Landry n'osait point bouger, car de retourner sur ses pas n'était pas le moyen de faire fuir le follet. On sait qu'il s'obstine à courir après ceux qui courent, et qu'il se met en travers de leur chemin jusqu'à ce qu'il les ait rendus fous et fait tomber dans quelque mauvaise passe. Il grelottait de peur et de froid, lorsqu'il entendit derrière lui une petite voix très-douce qui chantait:

> Fadet, fadet, petit fadet,
> Prends ta chandelle et ton cornet;
> J'ai pris ma cape et mon capet:
> Toute follette a son follet.

Et tout aussitôt la petite Fadette, qui s'apprêtait gaiement à passer l'eau sans montrer crainte ni étonnement du feu follet, heurta contre Landry, qui était assis par terre dans la brune, et se retira en jurant, ni plus ni moins qu'un garçon, et des mieux appris.

— C'est moi, Fanchon, dit Landry en se relevant, n'aie pas peur. Je ne te suis pas ennemi.

Il parlait comme cela parce qu'il avait peur d'elle presque autant que du follet. Il avait entendu sa chanson, et voyait bien qu'elle faisait une conjuration au feu follet, lequel dansait et se tortillait comme un fou devant elle et comme s'il eût été aise de la voir.

— Je vois bien, beau besson, dit alors la petite Fadette après qu'elle se fut consultée un peu, que tu me flattes, parce que tu es moitié mort de peur, et que la voix te tremble dans le gosier ni plus ni moins qu'à ma grand'mère. Allons, pauvre cœur, la nuit on n'est pas si fier que le jour, et je gage que tu n'oses passer l'eau sans moi.

— Ma foi, j'en sors, dit Landry, et j'ai manqué de m'y noyer. Est-ce que tu vas t'y risquer, Fadette? Tu ne crains pas de perdre le gué?

— Eh! pourquoi le perdrais-je? Mais je vois bien ce qui t'inquiète, répondit la petite Fadette en riant. Allons, donne-moi la main, poltron; le follet n'est pas si méchant que tu crois, et il ne fait de mal qu'à ceux qui s'en épeurent. J'ai coutume de le voir, moi, et nous nous connaissons.

Là-dessus, avec plus de force que Landry n'eût supposé qu'elle en avait, elle le tira par le bras et l'amena dans le gué en courant et en chantant:

J'ai pris ma cape et mon capet ;
Toute fadette a son fadet :

Landry n'était guère plus à son aise dans la société de la petite sorcière que dans celle du follet. Cependant, comme il aimait mieux voir le diable sous l'apparence d'un être de sa propre espèce que sous celle d'un feu si sournois et si fugace, il ne fit pas de résistance, et il fut tôt rassuré en sentant que la Fadette le conduisait si bien, qu'il marchait à sec sur les cailloux. Mais comme ils marchaient vite tous les deux et qu'ils ouvraient un courant d'air au feu follet, ils étaient toujours suivis de ce météore, comme l'appelle le maître d'école de chez nous, qui en sait long sur cette chose-là, et qui assure qu'on n'en doit avoir nulle crainte.

XIV

XIV

Peut-être que la mère Fadet avait aussi de la connaissance là-dessus, et qu'elle avait enseigné à sa petite-fille à ne rien redouter de ces feux de nuit; ou bien, à force d'en voir, car il y en avait souvent aux entours du gué des Roulettes, et c'était un grand hasard que Landry n'en eût point encore vu de près, peut-être la petite s'était-elle fait une idée que l'esprit qui les soufflait n'était point méchant et ne lui voulait que du bien. Sentant Landry qui tremblait de tout son corps à mesure que le follet s'approchait d'eux :

— Innocent, lui dit-elle, ce feu-là ne brûle point, et si tu étais assez subtil pour le manier, tu verrais qu'il ne laisse pas seulement sa marque

— C'est encore pis, pensa Landry; du feu qui ne brûle pas, on sait ce que c'est : ça ne peut pas venir de Dieu, car le feu du bon Dieu est fait pour chauffer et brûler.

Mais il ne fit pas connaître sa pensée à la petite Fadette, et quand il se vit sain et sauf à la rive, il eut grande envie de la planter là et de s'ensauver à la Bessonnière.

Mais il n'avait point le cœur ingrat, et il ne voulut point la quitter sans la remercier:

— Voilà la seconde fois que tu me rends service, Fanchon Fadet, lui dit-il, et je ne vaudrais rien si je ne te disais pas que je m'en souviendrai toute ma vie. J'étais là comme fou quand tu m'as trouvé; le follet m'avait vanné et charmé. Jamais je n'aurais passé la rivière, ou bien je n'en serais jamais sorti.

— Peut-être bien que tu l'aurais passée sans peine ni danger si tu n'étais pas si sot, répondit la Fadette; je n'aurais jamais cru qu'un grand gars comme toi, qui est dans ses dix-sept ans, et qui ne tardera pas à avoir de la barbe au menton, fût si aisé à épeurer, et je suis contente de te voir comme cela.

— Et pourquoi en êtes-vous contente, Fanchon Fadet ?

— Parce que je ne vous aime point, lui dit-elle d'un ton méprisant.

— Et pourquoi est-ce encore que vous ne m'aimez point ?

— Parce que je ne vous estime point, répondit-elle; ni vous, ni votre besson, ni vos père et mère, qui sont fiers parce qu'ils sont riches, et qui croient qu'on ne fait que son devoir en leur rendant service. Ils vous ont appris à être ingrat, Landry, et c'est le plus vilain défaut pour un homme, après celui d'être peureux.

Landry se sentit bien humilié des reproches de cette petite fille, car il reconnaissait qu'ils n'étaient pas tout à fait injustes, et il lui répondit :

— Si je suis fautif, Fadette, ne l'imputez qu'à moi. Ni mon frère, ni mon père, ni ma mère, ni personne chez nous n'a eu connaissance du secours que vous m'avez déjà une fois donné. Mais pour cette fois-ci, ils le sauront, et vous aurez une récompense telle que vous la désirerez.

— Ah! vous voilà bien orgueilleux, reprit la petite Fadette, parce que vous vous imaginez qu'avec vos présents vous pouvez être quitte envers moi. Vous croyez que je suis pareille à ma grand'mère, qui, pourvu qu'on lui baille quelque argent, supporte les malhonnêtetés et les insolences du monde. Eh bien, moi, je n'ai besoin ni envie de vos dons, et je méprise tout ce qui viendrait de vous, puisque vous n'avez pas eu le cœur de trouver un pauvre mot de remercîment et d'amitié à me dire depuis tantôt un an que je vous ai guéri d'une grosse peine.

— Je suis fautif, je l'ai confessé, Fadette, dit Landry qui ne pouvait s'empêcher d'être étonné de la manière dont il l'entendait raisonner pour la première fois. Mais c'est qu'aussi il y a un peu de ta faute. Ce n'était pas bien sorcier de me faire retrouver mon frère, puisque tu venais sans doute de le voir pendant que je m'expliquais avec ta grand'mère; et si tu avais vraiment le cœur bon, toi qui me reproches de ne l'avoir point, au lieu de me faire souffrir et attendre, et au lieu de me faire donner une parole qui pouvait me mener loin, tu m'aurais dit tout de suite : « Dévalle le pré, et tu le verras au rivet de l'eau. »

Cela ne t'aurait point coûté beaucoup, au lieu que tu t'es fait un vilain jeu de ma peine; et voilà ce qui a mandré le prix du service que tu m'as rendu.

La petite Fadette, qui avait pourtant la repartie prompte, resta pensive un moment. Puis elle dit :

— Je vois bien que tu as fait ton possible pour écarter la reconnaissance de ton cœur, et pour t'imaginer que tu ne m'en devais point, à cause de la récompense que je m'étais fait promettre. Mais, encore un coup, il est dur et mauvais, ton cœur, puisqu'il ne t'a point fait observer que je ne réclamais rien de toi, et que je ne te faisais pas même reproche de ton ingratitude.

— C'est vrai, ça, Fanchon, dit Landry qui était la bonne foi même ; je suis dans mon tort, je l'ai senti, et j'en ai eu de la honte; j'aurais dû te parler; j'en ai eu l'intention, mais tu m'as fait une mine si courroucée que je n'ai point su m'y prendre.

— Et si vous étiez venu le lendemain de l'affaire me dire une parole d'amitié, vous ne m'auriez point trouvée courroucée; vous auriez su tout de suite que je ne voulais point de payement, et nous serions amis : au lieu qu'à cette heure, j'ai mauvaise opinion de vous, et j'aurais dû vous laisser vous débrouiller avec le follet comme vous auriez pu. Bonsoir, Landry de la Bessonnière; allez sécher vos habits; allez dire à vos parents: « Sans ce petit guenillon de grelet, j'aurais, ma foi, bu un bon coup, ce soir, dans la rivière. »

Parlant ainsi, la petite Fadette lui tourna le dos, et marcha du côté de sa maison en chantant :

> Prends ta leçon et ton paquet,
> Landry Barbeau le bessonnet.

A cette fois, Landry sentit comme un grand repentir dans son âme, non qu'il fût disposé à aucune sorte d'amitié pour une fille qui lui paraissait avoir plus d'esprit que de bonté, et dont les vilaines manières ne plaisaient point, même à ceux qui s'en amusaient. Mais il avait le cœur haut et ne voulait point garder un tort sur sa conscience. Il courut après elle, et la rattrapant par sa cape :

— Voyons, Fanchon Fadet, lui dit-il, il faut que cette affaire-là s'arrange et se finisse entre nous. Tu es mécontente de moi, et je ne suis pas bien content de moi-même. Il faut que tu me dises ce que tu souhaites, et pas plus tard que demain je te l'apporterai.

— Je souhaite ne jamais te voir, répondit la Fadette très-durement; et n'importe quelle chose tu m'apporteras, tu peux bien compter que je te la jetterai au nez.

— Voilà des paroles trop rudes pour quelqu'un qui vous offre réparation. Si tu ne veux point de cadeau, il y a peut-être moyen de te rendre service et de te montrer par là qu'on te veut du bien et non pas du mal. Allons, dis-moi ce que j'ai à faire pour te contenter.

— Vous ne sauriez donc me demander pardon et souhaiter mon amitié? dit la Fadette en s'arrêtant.

— Pardon, c'est beaucoup demander, répondit Landry, qui ne pouvait vaincre sa hauteur à l'endroit d'une fille qui n'était point considérée en proportion de l'âge qu'elle commençait à avoir, et qu'elle ne portait pas toujours aussi raisonnablement qu'elle l'aurait dû; quant à ton amitié, Fadette, tu es si drôlement bâtie dans ton esprit, que je ne saurais y avoir grand'-fiance. Demande-moi donc une chose qui puisse se donner tout de suite, et que je ne sois pas obligé de te reprendre.

— Eh bien, dit la Fadette d'une voix claire et sèche, il en sera comme vous le souhaitez, besson Landry. Je vous ai offert votre pardon, et vous n'en voulez point. A présent je vous réclame ce que vous m'avez promis, qui est d'obéir à mon commandement, le jour où vous en serez requis. Ce jour-là, ce ne sera pas plus tard que demain à la Saint-Andoche, et voici ce que je veux: Vous me ferez danser trois bourrées après la messe, deux bourrées après vêpres, et encore deux bourrées après l'Angelus, ce qui fera sept. Et dans toute votre journée, depuis que vous serez levé jusqu'à ce que vous soyez couché, vous ne danserez aucune autre bourrée avec n'importe qui, fille ou femme. Si vous ne le faites, je saurai que vous avez trois choses bien laides en vous: l'ingratitude, la peur et le manque de parole. Bonsoir, je vous attends demain pour ouvrir la danse, à la porte de l'église.

Et la petite Fadette, que Landry avait suivie jusqu'à sa maison, tira la corillette et entra si vite que la porte fut poussée et recorillée avant que le besson eût pu répondre un mot.

XV

XV

Landry trouva d'abord l'idée de la Fadette si drôle qu'il pensa en rire plus qu'à s'en fâcher. — Voilà, se dit-il, une fille plus folle que méchante, et plus désintéressée qu'on ne croirait : car son paeyment ne ruinera pas ma famille. — Mais, en y songeant, il trouva l'acquit de sa dette plus dur que la chose ne semblait. La petite

Fadette dansait très-bien; il l'avait vue gambiller dans les champs ou sur le bord des chemins, avec les pâtours, et elle s'y démenait comme un petit diable, si vivement qu'on avait peine à la suivre en mesure. Mais elle était si peu belle et si mal attifée, même les dimanches, qu'aucun garçon de l'âge de Landry ne l'eût fait danser, surtout devant du monde. C'est tout au plus si les porchers et les gars qui n'avaient point encore fait leur première communion la trouvaient digne d'être invitée, et les belles de campagne n'aimaient point à l'avoir dans leur danse. Landry se sentit donc tout à fait humilié d'être voué à une pareille danseuse; et quand il se souvint qu'il s'était fait promettre au moins trois bourrées par la belle Madelon, il se demanda comment elle prendrait l'affront qu'il serait forcé de lui faire en ne les réclamant point.

Comme il avait froid et faim, et qu'il craignait toujours de voir le follet se mettre après lui, il marcha vite sans trop songer et sans regarder derrière lui. Dès qu'il fut rendu, il se sécha et conta qu'il n'avait point vu le gué à cause de la grand'nuit, et qu'il avait eu de la peine à sortir de l'eau; mais il eut honte de confesser la peur qu'il avait eue, et il ne parla ni du feu follet ni de la petite Fadette. Il se coucha en se disant que ce serait bien assez tôt le lendemain pour se tourmenter de la conséquence de cette mauvaise rencontre; mais quoi qu'il fît, il ne put dormir que très-mal. Il fit plus de cinquante rêves où il vit la petite Fadette à califourchon sur le fadet, qui était fait comme un grand coq rouge et qui tenait, dans une de ses pattes, sa lanterne de corne avec une chandelle dedans, dont les rayons s'étendaient sur toute la joncière. Et alors la petite Fadette se changeait en un grelet gros comme une chèvre, et elle lui criait, en voix de grelet, une chanson qu'il ne pouvait comprendre, mais où il entendait toujours des mots sur la même rime : grelet, fadet, cornet, capet, follet, bessonnet, Sylvinet. Il en avait la tête cassée, et la clarté du follet lui semblait si vive et si prompte que, quand il s'éveilla, il en avait encore les orblutes, qui sont petites boules noires, rouges ou bleues, lesquelles nous semblent être devant nos yeux, quand nous avons regardé avec trop d'assurance les orbes du soleil ou de la lune.

Landry fut si fatigué de cette mauvaise nuit qu'il s'endormait tout le long de la messe, et mêmement il n'entendit pas une parole du sermon de M. le curé, qui, pourtant, loua et magnifia on ne peut mieux les vertus et propriétés du bon saint Andoche. En sortant de l'église, Landry était si chargé de langueur qu'il avait quasiment oublié la Fadette. Elle était pourtant devant le porche, tout auprès de la belle Madelon, qui se tenait là, bien sûre que la première invitation serait pour elle. Mais quand il s'approcha pour lui parler, il lui fallut bien voir le grelet qui fit un pas en avant et lui dit bien haut avec une hardiesse sans pareille :

— Allons, Landry, tu m'as invitée hier soir pour la première danse, et je compte que nous allons n'y pas manquer.

Landry devint rouge comme le feu, et voyant Madelon devenir rouge aussi, pour le grand étonnement et le grand dépit qu'elle avait d'une pareille aventure, il prit courage contre la petite Fadette.

— C'est possible que je t'aie promis de te faire danser, grelet, lui dit-il; mais j'avais prié une autre auparavant, et ton tour viendra après que j'aurai tenu mon premier engagement.

— Non pas, repartit la Fadette avec assurance. Ta souvenance te fait défaut, Landry; tu n'as promis à personne avant moi, puisque la parole que je te réclame est de l'an dernier, et que tu n'as fait que me la renouveler hier soir. Si la Madelon a envie de danser avec toi aujourd'hui, voici ton besson qui est tout pareil à toi et qu'elle prendra à ta place. L'un vaut l'autre.

— Le grelet a raison, répondit la Madelon avec fierté en prenant la main de Sylvinet; puisque vous avez fait une promesse si ancienne, il faut la tenir, Landry. J'aime bien autant danser avec votre frère.

— Oui, oui, c'est la même chose, dit Sylvinet tout naïvement. Nous danserons tous les quatre.

Il fallut bien en passer par là pour ne pas attirer l'attention du monde, et le grelet commença à sautiller avec tant d'orgueil et de prestesse, que jamais bourrée ne fut mieux marquée ni mieux enlevée. Si elle eût été pimpante et gentille, elle eût fait plaisir à voir, car elle dansait par merveille, et il n'y avait pas une belle qui n'eût voulu avoir sa légèreté et son aplomb; mais le pauvre grelet était si mal habillé, qu'il en paraissait dix fois plus laid que de coutume. Landry, qui n'osait plus regarder Madelon, tant il était chagriné et humilié vis-à-vis d'elle, regarda sa danseuse, et la trouva beaucoup plus vilaine que dans ses guenilles de tous les jours; elle avait cru se faire belle, et son dressage était bon pour faire rire.

Elle avait une coiffe toute jaunie par le renfermé, qui, au lieu d'être petite et bien retroussée par derrière, selon la nouvelle mode du pays, montrait de chaque côté de sa tête deux grands oreillons bien larges et bien plats; et, sur le derrière de sa tête, la cayenne retombait jusque sur son cou, ce qui lui donnait l'air de sa grand'mère et lui faisait une tête large comme un boisseau sur un petit cou mince comme un bâton. Son cotillon de droguet était trop court de deux mains; et, comme elle avait grandi beaucoup dans l'année, ses bras maigres, tout mordus par le soleil, sortaient de ses manches comme deux pattes d'arantelle. Elle avait cependant un tablier d'incarnat dont elle était bien fière, mais qui lui venait de sa mère, et dont elle n'avait point songé à retirer la bavousette, que, depuis plus de dix ans, les jeunesses ne portent plus. Car elle n'était point de celles qui sont trop coquettes, la pauvre fille, elle ne l'était pas assez, et vivait comme un garçon, sans souci de sa figure, et n'aimant que le jeu et la risée. Aussi avait-elle l'air d'une petite vieille endimanchée, et on la méprisait pour sa mauvaise tenue, qui n'était point commandée par la misère, mais par l'avarice de sa grand'mère, et le manque de goût de la petite fille.

XVI

XVI

Sylvinet trouvait étrange que son besson eût pris fantaisie d'inviter cette Fadette, que, pour son compte, il aimait encore moins que Landry ne faisait. Landry ne savait comment expliquer la chose, et il aurait voulu se cacher sous terre. La Madelon était bien malcontente, et malgré l'entrain que la petite Fadette forçait leurs jambes de prendre, leurs figures étaient si tristes qu'on eût dit qu'ils portaient le diable en terre.

Aussitôt la fin de la première danse, Landry s'esquiva et alla se cacher dans son ouche. Mais, au bout d'un instant, la petite Fadette, escortée du sauteriot, qui, pour ce qu'il avait une plume de paon et un gland de faux or à sa casquette, était plus rageur et plus braillard que de coutume, vint bientôt le relancer, amenant une bande de drôlesses plus jeunes qu'elle, car celles de son âge ne la fréquentaient guère. Quand Landry la vit avec toute cette volaille, qu'elle comptait prendre à témoin, en cas de refus, il se soumit et la conduisit sous les noyers où il aurait bien voulu trouver un coin pour danser avec elle sans être remarqué. Par bonheur pour lui, ni Madelon, ni Sylvinet n'étaient de ce côté-là, ni les gens de l'endroit; et il voulut profiter de l'occasion pour remplir sa tâche et danser la troisième bourrée avec la Fadette. Il n'y avait autour d'eux que des étrangers qui n'y firent pas grande attention.

Sitôt qu'il eut fini, il courut chercher Madelon pour l'inviter à venir sous la ramée manger de la fromentée avec lui. Mais elle avait dansé avec d'autres qui lui avaient fait promettre de se laisser régaler, et elle le refusa un peu fièrement. Puis voyant qu'il se tenait dans un coin avec des yeux tout remplis de larmes, car le dépit et la fierté la rendaient plus jolie fille que jamais elle ne lui avait semblé, et on eût dit que tout le monde en faisait la remarque, elle mangea vite, se leva de table et dit tout haut : « Voilà les vêpres qui sonnent; avec qui vais-je danser après? » Elle s'était tournée du côté de Landry, comptant qu'il dirait bien vite : « Avec moi! » Mais avant qu'il eût pu desserrer les dents, d'autres s'étaient offerts, et la Madelon, sans daigner lui envoyer un regard de reproche ou de pitié, s'en alla à vêpres avec ses nouveaux galants.

Du plus vite que les vêpres furent chantées, la Madelon partit avec Pierre Aubardeau, suivie de Jean Aladenise, et d'Étienne Alaphilippe, qui tous trois la firent danser l'un après l'autre, car elle n'en pouvait manquer, étant belle fille et non sans avoir. Landry la regardait du coin de l'œil, et la petite Fadette était restée dans l'église, disant de longues prières après les autres; et elle faisait ainsi tous les dimanches, soit par grande dévotion selon les uns, soit, selon d'autres, pour mieux cacher son jeu avec le diable.

Landry fut bien peiné de voir que la Madelon ne montrait aucun souci à son endroit, qu'elle était rouge de plaisir comme une fraise, et qu'elle se consolait très-bien de l'affront qu'il s'était vu forcé de lui faire. Il s'avisa alors de ce qui ne lui était pas encore venu à l'idée, à savoir, qu'elle pouvait bien se ressentir d'un peu beaucoup de coquetterie, et que, dans tous les cas, elle n'avait pas pour lui grande attache, puisqu'elle s'amusait si bien sans lui.

Il est vrai qu'il se savait dans son tort, du moins par apparence ; mais elle l'avait vu bien chagriné sous la ramée, et elle aurait pu deviner qu'il y avait là-dessous quelque chose qu'il aurait voulu pouvoir lui expliquer. Elle ne s'en souciait mie pourtant, et elle était gaie comme un biquet, quand son cœur, à lui, se fendait de chagrin.

Quand elle eut contenté ses trois danseurs, Landry s'approcha d'elle, désirant lui parler en secret et se justifier de son mieux. Il ne savait comment s'y prendre pour l'emmener à l'écart, car il était encore dans l'âge où l'on n'a guère de courage avec les femmes; aussi ne put-il trouver aucune parole à propos et la prit-il par la main pour s'en faire suivre;

mais elle lui dit d'un air moitié dépit, moitié pardon :

— Oui-da, Landry, tu viens donc me faire danser, à la fin ?

— Non pas danser, répondit-il, car il ne savait pas feindre et n'avait plus l'idée de manquer à sa parole ; mais vous dire quelque chose que vous ne pouvez pas refuser d'entendre.

— Oh ! si tu as un secret à me dire, Landry, ce sera pour une autre fois, répondit Madelon en lui retirant sa main. C'est aujourd'hui le jour de danser et de se divertir. Je ne suis pas encore à bout de mes jambes, et puisque le grelet a usé les tiennes, va te coucher si tu veux, moi je reste.

Là-dessus elle accepta l'offre de Germain Audoux qui venait pour la faire danser. Et comme elle tournait le dos à Landry, Landry entendit Germain Audoux qui lui disait, en parlant de lui : Voilà un gars qui paraissait bien croire que cette bourrée-là lui reviendrait.

— Peut-être bien, dit Madelon en hochant la tête, mais ce ne sera pas encore pour son nez!

Landry fut grandement choqué de cette parole, et resta auprès de la danse pour observer toutes les allures de la Madelon, qui n'étaient point malhonnêtes, mais si fières, et de telle nargue, qu'il s'en dépita; et quand elle revint de son côté, comme il la regardait avec des yeux qui se moquaient un peu d'elle, elle lui dit par bravade : Eh bien donc, Landry, tu ne peux trouver une danseuse, aujourd'hui. Tu seras, ma fine, obligé de retourner au grelet!

— Et j'y retournerai de bon cœur, répondit Landry; car si ce n'est la plus belle de la fête, c'est toujours celle qui danse le mieux.

Là-dessus, il s'en fut aux alentours de l'église pour chercher la petite Fadette, et il la ramena dans la danse, tout en face de la Madelon, et il y dansa deux bourrées sans quitter la place. Il fallait voir comme le grelet était fier et content! Elle ne cachait point son aise, faisait reluire ses coquins d'yeux noirs, et relevait sa petite tête et sa grosse coiffe comme une poule huppée.

Mais, par malheur, son triomphe donna

du dépit à cinq ou six gamins qui la faisaient danser à l'habitude, et qui, ne pouvant plus en approcher, eux qui n'avaient jamais été fiers avec elle, et qui l'estimaient beaucoup pour sa danse, se mirent à la critiquer, à lui reprocher sa fierté et à chuchoter autour d'elle : « Voyez donc la grelette qui croit charmer Landry Barbeau ! grelette, sautiote, farfadette, chat grillé, grillette, râlette, » et autres sornettes à la manière de l'endroit.

XVII.

XVII

Et puis, quand la petite Fadette passait auprès d'eux, ils lui tiraient sa manche, ou avançaient leur pied pour la faire tomber, et il y en avait, des plus jeunes s'entend, et des moins bien appris, qui frappaient sur l'orillon de sa coiffe et la lui faisaient virer d'une oreille à l'autre, en criant : « Au grand calot, au grand calot à la mère Fadet ! »

Le pauvre grelet allongea cinq ou six tapes à droite et à gauche; mais tout cela ne servit qu'à attirer l'attention de son côté; et les personnes de l'endroit commencèrent à se dire: « Mais voyez donc notre grelette, comme elle a de la chance aujourd'hui, que Landry Barbeau la fait danser à tout moment! C'est vrai qu'elle danse bien, mais la voilà qui fait la belle fille et qui se carre comme une agasse. »
— Et parlant à Landry, il y en eut qui dirent: — Elle t'a donc jeté un sort, mon pauvre Landry, que tu ne regardes qu'elle? Ou bien c'est que tu veux passer sorcier, et que bientôt nous te verrons mener les loups aux champs. »

Landry fut mortifié; mais Sylvinet qui ne voyait rien de plus excellent et de plus estimable que son frère, le fut encore davantage de voir qu'il se donnait en risée à tant de monde, et à des étrangers qui commençaient aussi à s'en mêler, à faire des questions, et à dire: « C'est bien un beau gars: mais, tout de même, il a une drôle d'idée de se coiffer de la plus vilaine qu'il n'y ait pas dans toute l'assemblée. » La Madelon vint, d'un air de triomphe, écouter toutes ces moqueries, et, sans charité, elle y mêla son mot: « Que voulez-vous? dit-elle; Landry est encore un petit enfant, et, à son âge, pourvu qu'on trouve à qui parler, on ne regarde pas si c'est à une tête de chèvre ou à une figure chrétienne. »

Sylvinet prit alors Landry par le bras, en lui disant tout bas: « Allons-nous-en, frère, ou bien il faudra nous fâcher: car on se moque, et l'insulte qu'on fait à la Fadette revient sur toi. Je ne sais pas quelle idée t'a pris aujourd'hui de la faire danser quatre ou cinq fois de suite. On dirait que tu cherches le ridicule; finis cet amusement-là, je t'en prie. C'est bon pour elle de s'exposer aux duretés et aux mépris du monde. Elle ne cherche que cela, et c'est son goût: mais ce n'est pas le nôtre. Allons-nous-en, nous reviendrons après l'*Angelus*, et tu feras danser la Madelon qui est une fille bien comme il faut. Je t'ai toujours dit que tu aimais trop la danse, et que cela te ferait faire des choses sans raison. »

Landry le suivit deux ou trois pas, mais il se retourna en entendant une grande clameur; et il vit la petite Fadette que Madelon et les autres filles avaient livrée aux moqueries de leurs galants, et que les gamins, encouragés par les risées qu'on en faisait, venaient de décoiffer d'un coup de poing. Elle avait ses grands cheveux noirs qui pendaient sur son dos, et se débattait tout en colère et en chagrin ; car, cette fois, elle n'avait rien dit qui lui méritât d'être tant maltraitée, et elle pleurait de rage, sans pouvoir rattraper sa coiffe qu'un méchant galopin emportait au bout d'un bâton.

Landry trouva la chose bien mauvaise, et, son bon cœur se soulevant contre l'injustice, il attrapa le gamin, lui ôta la coiffe et le bâton, dont il lui appliqua un bon coup dans le derrière, revint au milieu des autres qu'il mit en fuite, rien que de se montrer, et, prenant le pauvre grelet par la main, il lui rendit sa coiffure.

La vivacité de Landry et la peur des gamins firent grandement rire les assistants. On applaudissait à Landry; mais la Madelon, tournant la chose contre lui, il y eut des garçons de l'âge de Landry, et même de plus âgés, qui eurent l'air de rire à ses dépens.

Landry avait perdu sa honte; il se sentait brave et fort, et un je ne sais quoi de l'homme fait lui disait qu'il remplissait son devoir en ne laissant pas maltraiter une femme, laide ou belle, petite ou grande, qu'il avait prise pour sa danseuse, au vu et au su de tout le monde. Il s'aperçut de la manière dont on le regardait du côté de Madelon, et il alla tout droit au vis-à-vis des Aladenise et des Alapetite, en leur disant :

— Eh bien, vous autres, qu'est-ce que vous avez à en dire? S'il me convient, à moi, de donner attention à cette fille-là, en quoi cela vous offense-t-il? Et si vous en êtes choqués, pourquoi vous détournez-vous pour le dire tout bas? Est-ce que je ne suis pas devant vous? est-ce que vous ne me voyez point? On a dit par ici que j'étais encore un petit enfant; mais il n'y a pas par ici un homme ou seulement un grand garçon qui me l'ait dit en face! J'attends qu'on me parle, et nous verrons si l'on molestera la fille que ce petit enfant fait danser.

Sylvinet n'avait pas quitté son frère, et, quoiqu'il ne l'approuvât point d'avoir soulevé cette querelle, il se tenait tout prêt à le soutenir. Il y avait là quatre ou cinq grands jeunes gens qui avaient la tête de plus que les bessons ; mais, quand ils les virent si résolus et comme, au fond, se battre pour si peu était à considérer, ils ne soufflèrent mot et se regardèrent les uns les autres, comme pour se demander lequel avait eu l'intention de se mesurer avec Landry. Aucun ne se présenta, et Landry, qui n'avait point lâché la main de la Fadette, lui dit :

— Mets vite ton coiffage, Fanchon, et dansons, pour que je voie si on viendra te l'ôter.

— Non, dit la petite Fadette en essuyant ses larmes, j'ai assez dansé pour aujourd'hui, et je te tiens quitte du reste.

— Non pas, non pas, il faut danser encore, dit Landry, qui était tout en feu de courage et de fierté. Il ne sera pas dit que tu ne puisses pas danser avec moi sans être insultée.

Il la fit danser encore, et personne ne lui adressa un mot ni un regard de travers. La Madelon et ses soupirants avaient été danser ailleurs. Après cette bourrée, la petite Fadette dit tout bas à Landry :

— A présent, c'est assez, Landry. Je suis contente de toi, et je te rends ta parole. Je retourne à la maison. Danse avec qui tu voudras ce soir.

Et elle s'en alla reprendre son petit frère qui se battait avec les autres enfants, et s'en alla si vite que Landry ne vit pas seulement par où elle se retirait.

XVIII

XVIII

Landry alla souper chez lui avec son frère; et, comme celui-ci était bien soucieux et bien mécontent de tout ce qui s'était passé, il lui raconta comme quoi il avait eu maille à partir la veille au soir avec le feu follet, et comment la petite Fadette l'en ayant délivré, soit par courage, soit par magie, elle lui avait demandé pour sa récompense de la faire danser sept fois à la fête de Saint-Andoche. Il ne lui parla point du reste, ne voulant jamais lui dire quelle peur il avait eue de le trouver noyé l'an d'auparavant, et en cela il était sage; car ces mauvaises idées que les enfants se mettent quelquefois en tête y reviennent bientôt, si l'on y fait attention et si on leur en parle.

Sylvinet approuva son frère d'avoir tenu sa parole et lui dit que l'ennui que cela lui avait attiré augmentait d'autant l'estime qui lui en était due. Mais, tout en s'effrayant du danger que Landry avait couru dans la rivière, il manqua de reconnaissance pour la petite Fadette. Il avait tant d'éloignement pour elle qu'il ne voulait point croire qu'elle eût trouvé là son frère par hasard, ni qu'elle l'eût secouru par bonté.

— C'est elle, lui dit-il, qui avait conjuré le fadet pour te troubler l'esprit et te faire noyer ; mais Dieu ne l'a pas permis, parce que tu n'étais pas et n'as jamais été en état de péché mortel. Alors ce méchant grelet, abusant de ta bonté et de ta reconnaissance, t'a fait faire une promesse qu'elle savait bien fâcheuse et dommageable pour toi. Elle est très-mauvaise, cette fille-là, toutes les sorcières aiment le mal, il n'y en a pas de bonnes. Elle savait bien qu'elle te brouillerait avec la Madelon et avec tes plus honnêtes connaissances. Elle voulait aussi te faire battre ; et si, pour la seconde fois, le bon Dieu ne t'avait point défendu contre elle, tu aurais bien pu avoir quelque mauvaise dispute et attraper du malheur.

Landry, qui voyait volontiers par les yeux de son frère, pensa qu'il avait peut-être bien raison, et ne défendit guère la Fadette contre lui. Ils causèrent ensemble sur le follet, que Sylvinet n'avait jamais vu, et dont il était bien curieux d'entendre parler, sans pourtant désirer de le voir. Mais ils n'osèrent en parler à leur mère, parce qu'elle avait peur, rien que d'y songer; ni à leur père, parce qu'il s'en moquait, et en avait vu plus de vingt fois sans y vouloir donner d'attention.

On devait danser encore jusqu'à la grand'nuit; mais Landry qui avait le cœur gros, à cause qu'il était pour de bon fâché contre la Madelon, ne voulut point profiter de la liberté que la Fadette lui avait rendue, et il aida son frère à aller chercher ses bêtes au pacage. Et comme cela le conduisait à moitié chemin de la Priche, et qu'il avait le mal de tête, il dit adieu à son frère au bout de la joncière. Sylvinet ne voulut point qu'il allât passer au gué des Roulettes, crainte que le follet ou le grelet ne lui fissent encore là quelque méchant jeu. Il lui fit promettre de prendre le plus long et d'aller passer à la planchette du grand moulin.

Landry fit comme son frère souhaitait, et au lieu de traverser la joncière, il descendit la traîne qui longe la côte du Chaumois. Il n'avait peur de rien, parce qu'il y avait encore du bruit en l'air à cause de la fête. Il entendait tant soit peu les musettes et les cris des danseurs de la Saint-Andoche, et il savait bien que les esprits ne font leurs malices que quand tout le monde est endormi dans le pays.

Quand il fut au bas de la côte, tout au droit de la carrière, il entendit une voix qui paraissait gémir et pleurer, et tout d'abord il crut que c'était le courlis. Mais, à mesure qu'il approchait, cela ressemblait à des gémissements humains, et, comme le cœur ne lui faisait jamais défaut quand il s'agissait d'avoir affaire à des êtres de son espèce, et surtout de leur porter secours, il descendit hardiment dans le plus creux de la carrière.

Mais la personne qui se plaignait ainsi fit silence en l'entendant venir.

— Qui donc pleure comme ça par ici? demanda-t-il d'une voix assurée.

On ne lui répondit mot.

— Y a-t-il par là quelqu'un de malade? fit-il encore.

Et comme on ne disait rien, il songea à s'en aller; mais auparavant il voulut regarder emmy les pierres et les grands chardons qui encombraient l'endroit, et bientôt il vit, à la clarté de la lune qui commençait à monter, une personne couchée par terre tout de son long, la figure en avant et ne bougeant non plus que si elle était morte, soit qu'elle n'en valût guère mieux, soit qu'elle se fût jetée là dans une grande affliction, et que pour ne pas se faire apercevoir, elle ne voulût point remuer.

Landry n'avait jamais encore vu ni touché un mort. L'idée que c'en était peut-être un lui fit une grande émotion ; mais il se surmonta, parce qu'il pensa devoir porter assistance à son prochain, et il alla résolûment pour tâter la main de cette personne étendue, qui, se voyant découverte, se releva à moitié aussitôt qu'il fut auprès d'elle ; et alors Landry connut que c'était la petite Fadette.

XIX

XIX

Landry fut fâché d'abord d'être obligé de trouver toujours la petite Fadette sur son chemin ; mais comme elle paraissait avoir une peine, il en eut compassion. Et voilà l'entretien qu'ils eurent ensemble :

— Comment, Grelet, c'est toi qui pleurais comme ça? Quelqu'un t'a-t-il frappée ou pourchassée encore, que tu te plains et que tu te caches?

— Non, Landry, personne ne m'a molestée depuis que tu m'as si bravement défendue; et d'ailleurs je ne crains personne. Je me cachais pour pleurer, et c'est tout, car il n'y a rien de si sot que de montrer sa peine aux autres.

— Mais pourquoi as-tu une si grosse peine? Est-ce à cause des méchancetés qu'on t'a faites aujourd'hui? Il y a eu un peu de ta faute; mais il faut t'en consoler et ne plus t'y exposer.

— Pourquoi dites-vous, Landry, qu'il y a eu de ma faute? C'est donc un outrage que je vous ai fait de souhaiter de danser avec vous, et je suis donc la seule fille qui n'ait pas le droit de s'amuser comme les autres?

— Ce n'est point cela, Fadette; je ne vous fais point reproche d'avoir voulu danser avec moi. J'ai fait ce que vous souhaitiez, et je me suis conduit avec vous comme je devais. Votre tort est plus ancien que la journée d'aujourd'hui, et si vous l'avez eu, ce n'est point envers moi, mais envers vous-même: vous le savez bien.

— Non, Landry; aussi vrai que j'aime Dieu, je ne connais pas ce tort-là; je n'ai jamais songé à moi-même, et si je me reproche quelque chose, c'est de vous avoir causé du désagrément contre mon gré.

— Ne parlons pas de moi, Fadette; je ne vous fais aucune plainte, parlons de vous ; et puisque vous ne vous connaissez point de défauts, voulez-vous que, de bonne foi et de bonne amitié, je vous dise ceux que vous avez ?

— Oui, Landry, je le veux, et j'estimerai cela la meilleure récompense ou la meilleure punition que tu puisses me donner, pour le bien ou le mal que je t'ai fait.

— Eh bien, Fanchon Fadet, puisque tu parles si raisonnablement, et que, pour la première fois de ta vie, je te vois douce et traitable, je vas te dire pourquoi on ne te respecte pas comme une fille de seize ans devrait pouvoir l'exiger. C'est que tu n'as rien d'une fille et tout d'un garçon, dans ton air et dans tes manières ; c'est que tu ne prends pas soin de ta personne. Pour commencer, tu n'as point l'air propre et soigneux, et tu te fais paraître laide par ton habillement et ton langage. Tu sais bien que les enfants t'appellent d'un nom encore plus déplaisant que celui de grelet. Ils t'appellent souvent le *mâlot*. Eh bien, crois-tu que ce soit à propos, à seize ans, de ne point ressembler encore à une fille? Tu montes sur les arbres comme un vrai chat-écurieux, et quand tu sautes sur une jument, sans bride ni selle, tu la fais galoper comme si le diable était dessus. C'est bon d'être forte et leste; c'est bon aussi de n'avoir peur de rien, et c'est un avantage de nature pour un homme. Mais pour une femme, trop est trop; et tu as l'air de vouloir te faire remarquer. Aussi, on te remarque, on te taquine, on crie après toi comme après le loup. Tu as de l'esprit et tu réponds des malices qui font rire ceux à qui elles ne s'adressent point. C'est encore bon d'avoir plus d'esprit que les autres; mais, à force de le montrer, on se fait des ennemis. Tu es curieuse, et quand tu as surpris les secrets des autres, tu les leur jettes à la figure bien durement, aussitôt que tu as à te plaindre d'eux. Cela te fait craindre, et on déteste ce qu'on craint. On leur rend plus de mal qu'ils n'en font. Enfin, que tu sois sorcière ou non, je veux croire que tu as des connaissances, mais j'espère que tu ne t'es pas donnée aux mauvais esprits, tu cherches à le paraître pour effrayer ceux qui te fâchent, et c'est toujours un assez vilain renom que tu te donnes là. Voilà tous tes torts, Fanchon Fadet, et c'est à cause de ces torts-là que les gens en ont avec toi. Rumine un peu la chose, et tu verras que si tu voulais être un peu plus comme les autres, on te saurait plus de gré de ce que tu as de plus qu'eux dans ton entendement.

— Je te remercie, Landry, répondit la petite Fadette d'un air très-sérieux, après avoir écouté le besson bien religieusement. Tu m'as dit à peu près ce que tout le monde me reproche, et tu me l'as dit avec beaucoup d'honnêteté et de ménagement, ce que les autres ne font point ; mais à présent veux-tu que je te réponde, et, pour cela, veux-tu t'asseoir à mon côté pour un petit moment ?

— L'endroit n'est guère agréable, dit Landry, qui ne se souciait point trop de s'attarder avec elle, et qui songeait toujours aux mauvais sorts qu'on l'accusait de jeter sur ceux qui ne s'en méfiaient point.

— Tu ne trouves point l'endroit agréable, reprit-elle, parce que vous autres riches vous êtes difficiles. Il vous faut du beau gazon pour vous asseoir dehors, et vous pouvez choisir dans vos prés et dans vos jardins les plus belles places et le meilleur ombrage. Mais ceux qui n'ont rien à eux n'en demandent pas si long au bon Dieu, et ils s'accommodent de la première pierre venue pour y poser leur tête. Les épines ne blessent point leurs pieds et, là où ils se trouvent ils observent tout ce qui est joli et avenant au ciel et sur la terre. Il n'y a point de vilain endroit, Landry, pour ceux qui connaissent la vertu et la douceur de toutes les choses que Dieu a faites. Moi, je sais, sans être sorcière, à quoi sont bonnes les moindres herbes que tu écrases sous tes pieds; et quand je sais leur usage, je les regarde et ne méprise ni leur odeur ni leur figure. Je te dis cela, Landry, pour t'enseigner tout à l'heure une autre chose qui se rapporte aux âmes chrétiennes aussi bien qu'aux fleurs des jardins et aux ronces des carrières; c'est que l'on méprise trop souvent ce qui ne paraît ni beau ni bon, et que par là on se prive de ce qui est secourable et salutaire.

— Je n'entends pas bien ce que tu veux signifier, dit Landry en s'asseyant auprès d'elle; et ils restèrent un moment sans se parler, car la petite Fadette avait l'esprit envolé à des idées que Landry ne connaissait point; et, quant à lui, malgré qu'il en eût un peu d'embrouillement dans la tête, il ne pouvait pas s'empêcher d'avoir du plaisir à entendre cette fille; car jamais il n'avait entendu une voix si douce et des paroles si bien dites que les paroles et la voix de la Fadette dans ce moment-là.

— Ecoute, Landry, lui dit-elle, je suis plus à plaindre qu'à blâmer; et si j'ai des torts envers moi-même, du moins n'en ai-je jamais eu de sérieux envers les autres; et si le monde était juste et raisonnable, il ferait plus d'attention à mon bon cœur qu'à ma vilaine figure et à mes mauvais habillements. Vois un peu, ou apprends, si tu ne le sais, quel a été mon sort depuis que je suis au monde. Je ne te dirai point de mal de ma pauvre mère qu'un chacun blâme et insulte, quoiqu'elle ne soit point là pour se défendre, et sans que je puisse le faire, moi qui ne sais pas bien ce qu'elle a fait de mal, ni pourquoi elle a été poussée à le faire. Eh bien, le monde est si méchant, qu'à peine ma mère m'eut-elle délaissée, et comme je la pleurais encore bien amèrement, au moindre dépit que les autres enfants avaient contre moi, pour un jeu, pour un rien qu'ils se seraient pardonné entre eux, ils me reprochaient la faute de ma mère et voulaient me forcer à rougir d'elle. Peut-être qu'à ma place une fille raisonnable, comme tu dis, se fût abaissée dans le silence, pensant qu'il était prudent d'abandonner la cause de sa mère et de la laisser injurier pour se préserver de l'être. Mais moi, vois-tu, je ne le pouvais pas. C'était plus fort que moi. Ma mère était toujours ma mère, et qu'elle soit ce qu'on voudra, que je la retrouve ou que je n'en entende jamais parler, je l'aimerai toujours de toute la force de mon cœur. Aussi, quand on m'appelle enfant de coureuse et de vivandière, je suis en colère, non à cause de moi : je sais bien que cela ne peut m'offenser, puisque je n'ai rien fait de mal; mais à cause de cette pauvre chère femme que mon devoir est de défendre. Et comme je ne peux ni ne sais la défendre, je la venge, en disant aux autres les vérités qu'ils méritent, et en leur montrant qu'ils ne valent pas mieux que celle à qui ils jettent la pierre. Voilà pourquoi ils disent que je suis curieuse et insolente; que je surprends leurs secrets pour les divulguer. Il est vrai que le bon Dieu m'a faite curieuse, si c'est l'être que de désirer de connaître les choses cachées. Mais si on avait été bon et humain envers moi, je n'aurais pas songé à contenter ma curiosité aux dépens du prochain. J'aurais renfermé mon amusement dans la connaissance des secrets que m'enseigne ma grand'mère pour la guérison du corps humain. Les fleurs, les herbes, les pierres, les mouches, tous les secrets de nature, il y en aurait eu bien assez pour m'occuper et pour me divertir, moi qui aime à vaguer et à fureter partout. J'aurais toujours été seule, sans connaître l'ennui; car mon plus grand plaisir est d'aller dans les endroits qu'on ne fréquente point et d'y rêvasser à cinquante choses dont je n'entends jamais parler aux personnes qui se croient bien sages et bien avisées. Si je me suis laissé attirer dans le commerce de mon prochain, c'est par l'envie que j'avais de rendre service avec les petites connaissances qui me sont venues et dont ma grand'mère elle-même fait souvent son profit sans rien dire. Eh bien, au lieu d'être remerciée honnêtement par tous les enfants de mon âge dont je guérissais les blessures et les maladies, et à qui j'enseignais mes remèdes sans demander jamais de récompense, j'ai été traitée de sorcière; et ceux qui venaient bien doucement me prier quand ils avaient besoin de moi, me disaient plus tard des sottises à la première occasion.

Cela me courrouçait, et j'aurais pu leur nuire, car si je sais des choses pour faire du bien, j'en sais aussi pour faire du mal ; et pourtant je n'en ai jamais fait usage ; je ne connais point la rancune, et si je me venge en paroles, c'est que je suis soulagée en disant tout de suite ce qui me vient au bout de la langue, et qu'ensuite je n'y pense plus et pardonne, ainsi que Dieu le commande. Quant à ne prendre soin ni de ma personne ni de mes manières, cela devrait montrer que je ne suis pas assez folle pour me croire belle, lorsque je sais que je suis si laide que personne ne peut me regarder. On me l'a dit assez souvent pour que je le sache ; et, en voyant combien les gens sont durs et méprisants pour ceux que le bon Dieu a mal partagés, je me suis fait un plaisir de leur déplaire, me consolant par l'idée que ma figure n'avait rien de repoussant pour le bon Dieu et pour mon ange gardien, lesquels ne me la reprocheraient pas plus que je ne la leur reproche moi-même. Aussi, moi, je ne suis pas comme ceux qui disent: Voilà une chenille, une vilaine bête; ah! qu'elle est laide! il faut la tuer! Moi, je n'écrase pas la pauvre créature du bon Dieu, et si la chenille tombe dans l'eau, je lui tends une feuille pour qu'elle se sauve. Et à cause de cela, on dit que j'aime les mauvaises bêtes et que je suis sorcière, parce que je n'aime pas à faire souffrir une grenouille, à arracher les pattes à une guêpe et à clouer une chauve-souris vivante contre un arbre. Pauvre bête, que je lui dis, si on doit tuer tout ce qui est vilain, je n'aurais pas plus que toi le droit de vivre.

XX

XI.

XX

Landry fut, je ne sais comment, émotionné de la manière dont la petite Fadette parlait humblement et tranquillement de sa laideur, et, se remémorant sa figure, qu'il ne voyait guère dans l'obscurité de la carrière, il lui dit, sans songer à la flatter :

— Mais, Fadette, tu n'es pas si vilaine que tu le crois, ou que tu veux bien le dire. Il y en a de bien plus déplaisantes que toi à qui on n'en fait pas reproche.

— Que je le sois un peu de plus, un peu de moins, tu ne peux pas dire, Landry, que je suis une jolie fille. Voyons, ne cherche pas à me consoler, car je n'en ai pas de chagrin.

— Dame! qu'est-ce qui sait comment tu serais si tu étais habillée et coiffée comme les autres? Il y a une chose que tout le monde dit : c'est que si tu n'avais pas le nez si court, la bouche si grande et la peau si noire, tu ne serais point mal; car on dit aussi que, dans tout le pays d'ici, il n'y a pas une paire d'yeux comme les tiens, et si tu n'avais point le regard si hardi et si moqueur, on aimerait à être bien vu de ces yeux-là.

Landry parlait de la sorte sans trop se rendre compte de ce qu'il disait. Il se trouvait en train de se rappeler les défauts et les qualités de la petite Fadette; et, pour la première fois, il y donnait une attention et un intérêt dont il ne se serait pas cru capable un moment plus tôt. Elle y prit garde, mais n'en fit rien paraître, ayant trop d'esprit pour prendre la chose au sérieux.

— Mes yeux voient en bien ce qui est bon, dit-elle, et en pitié ce qui ne l'est pas. Aussi je me console bien de déplaire à qui ne me plaît point, et je ne conçois guère pourquoi toutes ces belles filles, que je vois courtisées, sont coquettes avec tout le monde, comme si tout le monde était de leur goût. Pour moi, si j'étais belle, je ne voudrais le paraître et me rendre aimable qu'à celui qui me conviendrait.

Landry pensa à la Madelon; mais la petite Fadette ne le laissa pas sur cette idée-là; elle continua de parler comme s'ensuit :

— Voilà donc, Landry, tout mon tort envers les autres, c'est de ne point chercher à quêter leur pitié ou leur indulgence pour ma laideur. C'est de me montrer à eux sans aucun attifage pour la déguiser, et cela les offense et leur fait oublier que je leur ai fait souvent du bien, jamais de mal. D'un autre côté, quand même j'aurais soin de ma personne, où prendrais-je de quoi me faire brave? Ai-je jamais mendié, quoique je n'aie pas à moi un sou vaillant? Ma grand'mère me donne-t-elle la moindre chose, si ce n'est la retirance et le manger? Et si je ne sais point tirer parti des pauvres hardes que ma mère m'a laissées, est-ce ma faute, puisque personne ne me l'a enseigné, et que depuis l'âge de dix ans je suis abandonnée sans amour ni merci de personne? Je sais bien le reproche qu'on me fait, et tu as eu la charité de me l'épargner. On dit que j'ai seize ans et que je pourrais bien me louer, qu'alors j'aurais des gages et le moyen de m'entretenir; mais que l'amour de la paresse et du vagabondage me retient auprès de ma grand'mère, qui ne m'aime pourtant guère et qui a bien le moyen de prendre une servante.

— Eh bien, Fadette, n'est-ce point la vérité? dit Landry. On te reproche de ne pas aimer l'ouvrage, et ta grand'mère elle-même dit à qui veut l'entendre, qu'elle aurait du profit à prendre une domestique à ta place.

— Ma grand'mère dit cela parce qu'elle aime à gronder et à se plaindre. Et pourtant quand je parle de la quitter, elle me retient, parce qu'elle sait bien que je lui suis plus utile qu'elle ne veut le dire. Elle n'a plus ses yeux ni ses jambes de quinze ans pour trouver les herbes dont elle fait ses breuvages et ses poudres, et il y en a qu'il faut aller chercher bien loin et dans des endroits bien difficiles. D'ailleurs, je te l'ai dit, je trouve de moi-même aux herbes des vertus qu'elle ne leur connaît pas, et elle est bien étonnée quand je fais des drogues dont elle voit ensuite le bon effet. Quant à nos bêtes, elles sont si belles qu'on est tout surpris de voir un pareil troupeau à des gens qui n'ont de pacage autre que le communal. Eh bien, ma grand'mère sait à qui elle doit des ouailles en si bonne laine et des chèvres en si bon lait. Va, elle n'a point envie que je la quitte, et je lui vaux plus gros que je ne lui coûte. Moi, j'aime ma grand'mère, encore qu'elle me rudoie et me prive beaucoup. Mais j'ai une autre raison pour ne pas la quitter, et je te la dirai si tu veux, Landry.

— Eh bien, dis-la donc, répondit Landry, qui ne se fatiguait point d'écouter la Fadette.

— C'est, dit-elle, que ma mère m'a laissé sur les bras, alors que je n'avais encore que dix ans, un pauvre enfant bien laid, aussi laid que moi, et encore plus disgracié, pour ce qu'il est éclopé de naissance, chétif, maladif, crochu et toujours en chagrin et en malice, parce qu'il est toujours en souffrance, le pauvre gars ! Et tout le monde le tracasse, le repousse et l'avilit, mon pauvre sauteriot ! Ma grand'mère le tance trop rudement et le frapperait trop, si je ne le défendais contre elle, en faisant semblant de le tarabuster à sa place. Mais j'ai toujours grand soin de ne pas le toucher pour de vrai, et il le sait bien, lui ! Aussi quand il a fait une faute, il accourt se cacher dans mes jupons, et il me dit : « Bats-moi avant que grand'mère ne me prenne ! » Et moi, je le bats pour rire, et le malin fait semblant de crier. Et puis je le soigne ; je ne peux pas toujours l'empêcher d'être en loques, le pauvre petit; mais quand j'ai quelque nippe, je l'arrange pour l'habiller, et je le guéris quand il est malade, tandis que ma grand'mère le ferait mourir, car elle ne sait point soigner les enfants. Enfin, je le conserve à la vie, ce malingret qui sans moi serait bien malheureux, et bientôt dans la terre, à côté de notre pauvre père, que je n'ai pas pu empêcher de mourir. Je ne sais pas si je lui rends service en le faisant vivre, tortu et malplaisant comme il est; mais c'est plus fort que moi, Landry, et, quand je songe à prendre du service pour avoir quelque argent à moi et me retirer de la misère où je suis, mon cœur se fend de pitié et me fait reproche, comme si j'étais la mère de mon sauteriot, et comme si je le voyais périr par ma faute.

Voilà tous mes torts et tous mes manquements, Landry. A présent que le bon Dieu me juge, moi, je pardonne à ceux qui me méconnaissent.

XXI

XXI

Landry écoutait toujours la petite Fadette avec une grande contention d'esprit, et sans trouver à redire à aucune de ses raisons. En dernier lieu, la manière dont elle parla de son petit frère le sauteriot, lui fit un effet, comme si, tout d'un coup, il se sentait de l'amitié pour elle, et comme s'il voulait être de son parti contre tout le monde.

— Cette fois-ci, Fadette, dit-il, celui qui te donnerait tort serait dans son tort le premier; car tout ce que tu as dit là est très-bien dit, et personne ne se douterait de ton bon cœur et de ton bon raisonnement. Pourquoi ne te fais-tu pas connaître pour ce que tu es? on ne parlerait pas mal de toi, et il y en a qui te rendraient justice.

— Je te l'ai bien dit, Landry, reprit-elle. Je n'ai pas besoin de plaire à qui ne me plaît point.

— Mais si tu me le dis à moi, c'est donc que...

Là-dessus Landry s'arrêta, tout étonné

de ce qu'il avait manqué de dire ; et, se reprenant :

— C'est donc, fit-il, que tu as plus d'estime pour moi que pour un autre? Je croyais pourtant que tu me haïssais à cause que je n'ai jamais été bon pour toi.

— C'est possible que je t'aie haï un peu, répondit la petite Fadette ; mais si cela a été, cela n'est plus, à partir d'aujourd'hui, et je vas te dire pourquoi, Landry. Je te croyais fier, et tu l'es ; mais tu sais surmonter ta fierté pour faire ton devoir, et tu y as d'autant plus de mérite. Je te croyais ingrat, et, quoique la fierté qu'on t'a enseignée te pousse à l'être, tu es si fidèle à ta parole que rien ne te coûte pour t'acquitter. Enfin, je te croyais poltron, et pour cela j'étais portée à te mépriser ; mais je vois que tu n'as que de la superstition, et que le courage, quand il s'agit d'un danger certain à affronter, ne te fait pas défaut. Tu m'as fait danser aujourd'hui, quoique tu en fusses bien humilié. Tu es même venu, après vêpres, me chercher auprès de l'église, au moment où je t'avais pardonné dans mon cœur après avoir fait ma prière, et où je ne songeais plus à te tourmenter. Tu m'as défendue contre de méchants enfants, et tu as provoqué de grands garçons qui, sans toi, m'auraient maltraitée. Enfin, ce soir, en m'entendant pleurer, tu es venu à moi pour m'assister et me consoler. Ne crois point, Landry, que j'oublierai jamais ces choses-là. Tu auras toute ta vie la preuve que j'en garde une grande souvenance, et tu

pourras me requérir, à ton tour, de tout
ce que tu voudras, dans quelque moment
que ce soit. Ainsi, pour commencer, je sais
que je t'ai fait aujourd'hui une grosse
peine. Oui, je le sais, Landry, je suis assez
sorcière pour l'avoir deviné, encore que,
ce matin, je ne m'en doutais point. Va,
sois certain que j'ai plus de malice que de
méchanceté, et que, si je t'avais su amoureux de la Madelon, je ne t'aurais pas
brouillé avec elle, comme je l'ai fait en te
forçant à danser avec moi. Cela m'amusait, j'en tombe d'accord, de voir que, pour
danser avec une laideron comme moi, tu
laissais de côté une belle fille ; mais je
croyais que c'était seulement une petite pi-
qûre à ton amour-propre. Quand j'ai peu
à peu compris que c'était une vraie bles-

sure dans ton cœur, que, malgré toi, tu regardais toujours du côté de Madelon, et que son dépit te donnait envie de pleurer, j'ai pleuré aussi, vrai ! j'ai pleuré au moment où tu as voulu te battre contre ses galants, et tu as cru que c'étaient des larmes de colère, tandis que c'étaient des larmes de repentance. Voilà pourquoi je pleurais encore si amèrement quand tu m'as surprise ici, et pourquoi je pleurerai jusqu'à ce que j'aie réparé le mal que j'ai causé à un bon et brave garçon comme je connais à présent que tu l'es.

— Et, en supposant, ma pauvre Fanchon, dit Landry, tout ému des larmes qu'elle recommençait à verser, que tu m'aies causé une fâcherie avec une fille dont je serais amoureux comme tu dis, que pourrais-tu donc faire pour nous remettre en bon accord?

— Fie-toi à moi, Landry, répondit la petite Fadette. Je ne suis pas assez sotte pour ne pas m'expliquer comme il faut. La Madelon saura que tout le tort est venu de moi. Je me confesserai à elle et je te rendrai blanc comme neige. Si elle ne te rend pas son amitié demain, c'est qu'elle ne t'a jamais aimé et...

— Et que je ne dois pas la regretter, Fanchon; et comme elle ne m'a jamais aimé, en effet, tu prendrais une peine inutile. Ne le fais donc pas, et console-toi du petit chagrin que tu m'as fait. J'en suis déjà guéri.

— Ces peines-là ne guérissent pas si vite, répondit vivement la petite Fadette;

et puis, se ravisant, du moins à ce qu'on dit, fit-elle. C'est le dépit qui te fait parler, Landry. Quand tu auras dormi là-dessus, demain viendra et tu seras bien triste jusqu'à ce que tu aies fait la paix avec cette belle fille.

— Peut-être bien, dit Landry, mais, à cette heure, je te baille ma foi que je n'en sais rien et que je n'y pense point. Je m'imagine que c'est toi qui veux me faire accroire que j'ai beaucoup d'amitié pour elle, et moi, il me semble que si j'en ai eu, c'était si petitement que j'en ai quasiment perdu souvenance.

— C'est drôle, dit la petite Fadette en soupirant : c'est donc comme ça que vous aimez, vous, les garçons?

—Dame! vous autres filles, vous n'aimez

pas mieux ; puisque vous vous choquez si aisément, et que vous vous consolez si vite avec le premier venu. Mais nous parlons là de choses que nous n'entendons peut-être pas encore, du moins toi, ma petite Fadette, qui vas toujours te gaussant des amoureux. Je crois bien que tu t'amuses de moi encore à cette heure, en voulant arranger mes affaires avec la Madelon. Ne le fais pas, te dis-je, car elle pourrait croire que je t'en ai chargée, et elle se tromperait. Et puis ça la fâcherait peut-être de penser que je me fais présenter à elle comme son amoureux attitré ; car la vérité est que je ne lui ai encore jamais dit un mot d'amourette, et que, si j'ai eu du contentement à être auprès d'elle et à la faire danser, elle ne m'a jamais donné le courage de le lui faire assavoir par mes paroles. Par ainsi, laissons passer la chose; elle en reviendra d'elle-même si elle veut; et si elle n'en revient pas, je crois bien que je n'en mourrai point.

— Je sais mieux ce que tu penses là-dessus que toi-même, Landry, reprit la petite Fadette. Je te crois quand tu me dis que tu n'as jamais fait connaître ton amitié à la Madelon par des paroles : mais il faudrait qu'elle fût bien simple pour ne l'avoir pas connue dans tes yeux, aujourd'hui surtout. Puisque j'ai été cause de votre fâcherie, il faut que je sois cause de votre contentement, et c'est la bonne occasion de faire comprendre à la Madelon que tu l'aimes. C'est à moi de le faire et je le ferai si finement, et si à propos, qu'elle ne pourra point t'accuser de m'y avoir provoquée. Fie-toi, Landry, à la petite Fadette, au pauvre vilain grelet, qui n'a point le dedans aussi laid que le dehors ; et pardonne-lui de t'avoir tourmenté, car il en résultera pour toi un grand bien. Tu connaîtras que s'il est doux d'avoir l'amour d'une belle, il est utile d'avoir l'amitié d'une laide ; car les laides ont du désintéressement et rien ne leur donne dépit ni rancune.

— Que tu sois laide ou belle, Fanchon, dit Landry en lui prenant la main, je crois comprendre déjà que ton amitié est une très-bonne chose, et si bonne, que l'amour en est peut-être une mauvaise en comparaison. Tu as beaucoup de bonté, je le connais à présent ; car je t'ai fait un grand affront auquel tu n'as pas voulu prendre garde aujourd'hui, et quand tu dis que je me suis bien conduit avec toi, je trouve, moi, que j'ai agi fort malhonnêtement.

— Comment donc ça, Landry? Je ne sais pas en quoi...

— C'est que je ne t'ai pas embrassée une seule fois à la danse, Fanchon, et pourtant c'était mon devoir et mon droit, puisque c'est la coutume. Je t'ai traitée comme on fait des petites filles de dix ans, qu'on ne se baisse pas pour embrasser, et pourtant tu es quasiment de mon âge; il n'y a pas plus d'un an de différence. Je t'ai donc fait une injure, et si tu n'étais pas si bonne fille, tu t'en serais bien aperçue.

— Je n'y ai pas seulement pensé, dit la petite Fadette; et elle se leva, car elle sentait qu'elle mentait, et elle ne voulait pas le faire paraître. Tiens, dit-elle, en se forçant pour être gaie; écoute comme les grelets chantent dans les blés en chaume; ils m'appellent par mon nom, et la chouette est là-bas qui me crie l'heure que les étoiles marquent dans le cadran du ciel.

— Je l'entends bien aussi, et il faut que je rentre à la Priche; mais avant que je te dise adieu, Fadette, est-ce que tu ne veux pas me pardonner!

— Mais je ne t'en veux pas, Landry, et je n'ai pas de pardon à te faire.

— Si fait, dit Landry, qui était tout agité d'un je ne sais quoi, depuis qu'elle lui avait parlé d'amour et d'amitié, d'une voix si douce que celle des bouvreuils qui gazouillaient en dormant dans les buissons paraissait dure auprès. Si fait, tu me dois un pardon, c'est de me dire qu'il faut à présent que je t'embrasse pour réparer de l'avoir omis dans le jour.

La petite Fadette trembla un peu : puis, tout aussitôt, reprenant sa bonne humeur :

— Tu veux, Landry, que je te fasse expier ton tort par une punition. Eh bien, je t'en tiens quitte, mon garçon. C'est bien assez d'avoir fait danser la laide, ce serait trop de vertu que de vouloir l'embrasser.

— Tiens, ne dis pas ça, s'exclama Landry, en lui prenant la main et le bras tout ensemble ; je crois que ça ne peut être une punition de t'embrasser... à moins que si la chose ne te chagrine et ne te répugne, venant de moi.

Et quand il eut dit cela, il fit un tel

souhait d'embrasser la petite Fadette, qu'il tremblait de peur qu'elle n'y consentît point.

— Écoute, Landry, lui dit-elle, de sa voix douce et flatteuse, si j'étais belle, je te dirais que ce n'est le lieu ni l'heure de s'embrasser comme en cachette. Si j'étais coquette, je penserais, au contraire, que c'est l'heure et le lieu, parce que la nuit cache ma laideur, et qu'il n'y a ici personne pour te faire honte de ta fantaisie. Mais, comme je ne suis ni coquette, ni belle, voilà ce que je te dis : Serre-moi la main en signe d'honnête amitié, et je serai contente d'avoir ton amitié, moi qui n'en ai jamais eu et qui n'en souhaiterai jamais d'autre.

— Oui, dit Landry, je serre ta main de

tout mon cœur, entends-tu, Fadette ? Mais la plus honnête amitié, et c'est celle que j'ai pour toi, n'empêche point qu'on s'embrasse ? Si tu me dénies cette preuve-là, je croirai que tu as encore quelque chose contre moi.

Et il tenta de l'embrasser par surprise ; mais elle y fit résistance, et, comme il s'y obstinait, elle se mit à pleurer en disant :

— Laisse-moi, Landry, tu me fais beaucoup de peine.

Landry s'arrêta tout étonné, et si chagriné de la voir encore dans les larmes, qu'il en eut comme du dépit.

— Je vois bien, lui dit-il, que tu ne dis pas la vérité, en me disant que mon amitié est la seule que tu veuilles avoir. Tu en as une plus forte qui te défend de m'embrasser.

— Non, Landry, répondit-elle en sanglotant; mais j'ai peur que, pour m'avoir embrassée la nuit, sans me voir, vous ne me haïssiez quand vous me reverrez au jour.

— Est-ce que je ne t'ai jamais vue? dit Landry impatienté; est-ce que je ne te vois pas à présent? Tiens, viens un peu à la lune, je te vois bien, et je ne sais pas si tu es laide, mais j'aime ta figure, puisque je t'aime, voilà tout. Et puis il l'embrassa, d'abord tout en tremblant, et puis, il y revint avec tant de goût qu'elle en eut peur, et lui dit en le repoussant:

— Assez! Landry, assez! on dirait que tu m'embrasses de colère ou que tu penses à Madelon. Apaise-toi, je lui parlerai demain, et demain tu l'embrasseras avec plus de joie que je ne peux t'en donner.

Là-dessus, elle sortit vitement des abords de la carrière, et partit de son pied léger.

Landry était comme affolé, et il eut envie de courir après elle. Il s'y reprit à trois fois avant de se décider à redescendre du côté de la rivière. Enfin, sentant que le diable était après lui, il se mit à courir aussi et ne s'arrêta qu'à la Priche.

Le lendemain, quand il alla voir ses bœufs au petit jour, tout en les affenant et les câlinant, il pensait en lui-même à cette causerie d'une grande heure qu'il avait eue dans la carrière du Chaumois avec la petite Fadette, et qui lui avait paru comme un instant. Il avait encore la tête alourdie par le sommeil et par la fatigue d'esprit d'une journée si différente de celle qu'il aurait dû passer. Et il se sentait tout troublé et comme épeuré de ce qu'il avait senti pour cette fille, qui lui revenait devant les yeux, laide et de mauvaise tenue, comme il l'avait toujours connue. Il s'imaginait par moments avoir rêvé le souhait qu'il avait fait de l'embrasser, et le contentement qu'il avait eu de la serrer contre son cœur, comme s'il avait senti un grand amour pour elle, et comme si elle lui avait paru tout d'un coup plus belle et plus aimable que pas une fille sur terre.

Il faut qu'elle soit charmeuse comme on le dit, bien qu'elle s'en défende, pensait-il, car pour sûr elle m'a ensorcelé hier soir, et jamais, dans toute ma vie, je n'ai senti pour père, mère, sœur ou frère, non pas certes pour la belle Madelon, et non pas même pour mon cher besson Sylvinet, un élan d'amitié pareil à celui que, pendant deux ou trois minutes, cette diablesse m'a causé. S'il avait pu voir ce que j'avais dans le cœur, mon pauvre Sylvinet, c'est du coup qu'il aurait été mangé par la jalousie. Car l'attache que j'avais pour Madelon ne faisait point de tort à mon frère, au lieu que si je devais rester seulement tout un jour affolé et enflambé comme je l'ai été pour un moment à côté de cette Fadette, j'en deviendrais insensé et je ne connaîtrais plus qu'elle dans le monde.

Et Landry se sentait comme étouffé de honte, de fatigue et d'impatience. Il s'asseyait sur la crèche de ses bœufs et avait peur que la charmeuse ne lui eût ôté le courage, la raison et la santé.

Mais, quand le jour fut un peu grand et que les laboureurs de la Priche furent levés, ils se mirent à le plaisanter sur sa danse avec le vilain grelet, et ils la firent si laide, si mal élevée, si mal attifée dans leurs moqueries, qu'il ne savait où se cacher, tant il avait de honte, non-seulement de ce qu'on avait vu, mais de ce qu'il se gardait bien de faire connaître.

Il ne se fâcha pourtant point, parce que les gens de la Priche étaient tous ses amis et ne mettaient point de mauvaise intention dans leurs taquineries. Il eut même le courage de leur dire que la petite Fadette n'était pas ce qu'on croyait, qu'elle en valait bien d'autres et qu'elle était capable de rendre de grands services. Là-dessus on le railla encore.

— Sa mère, je ne dis pas, firent-ils ; mais elle, c'est un enfant qui ne sait rien, et si tu as une bête malade, je ne te conseille pas de suivre ses remèdes, car c'est une petite bavarde qui n'a pas le moindre secret pour guérir. Mais elle a celui d'endormir les gars, à ce qu'il paraît, puisque tu ne l'as guère quittée à la Saint-Andoche, et tu feras bien d'y prendre garde, mon pauvre Landry ; car on t'appellerait bientôt le grelet de la grelette, et le follet de la Fadette. Le diable se mettrait après toi. Georgeon viendrait tirer nos draps de lit et boucler le crin de notre chevaline. Nous serions obligés de te faire exorciser.

— Je crois bien, disait la petite Solange, qu'il aura mis un de ses bas à l'envers hier matin. Ça attire les sorciers, et la petite Fadette s'en est bien aperçue.

FIN DU PREMIER VOLUME.

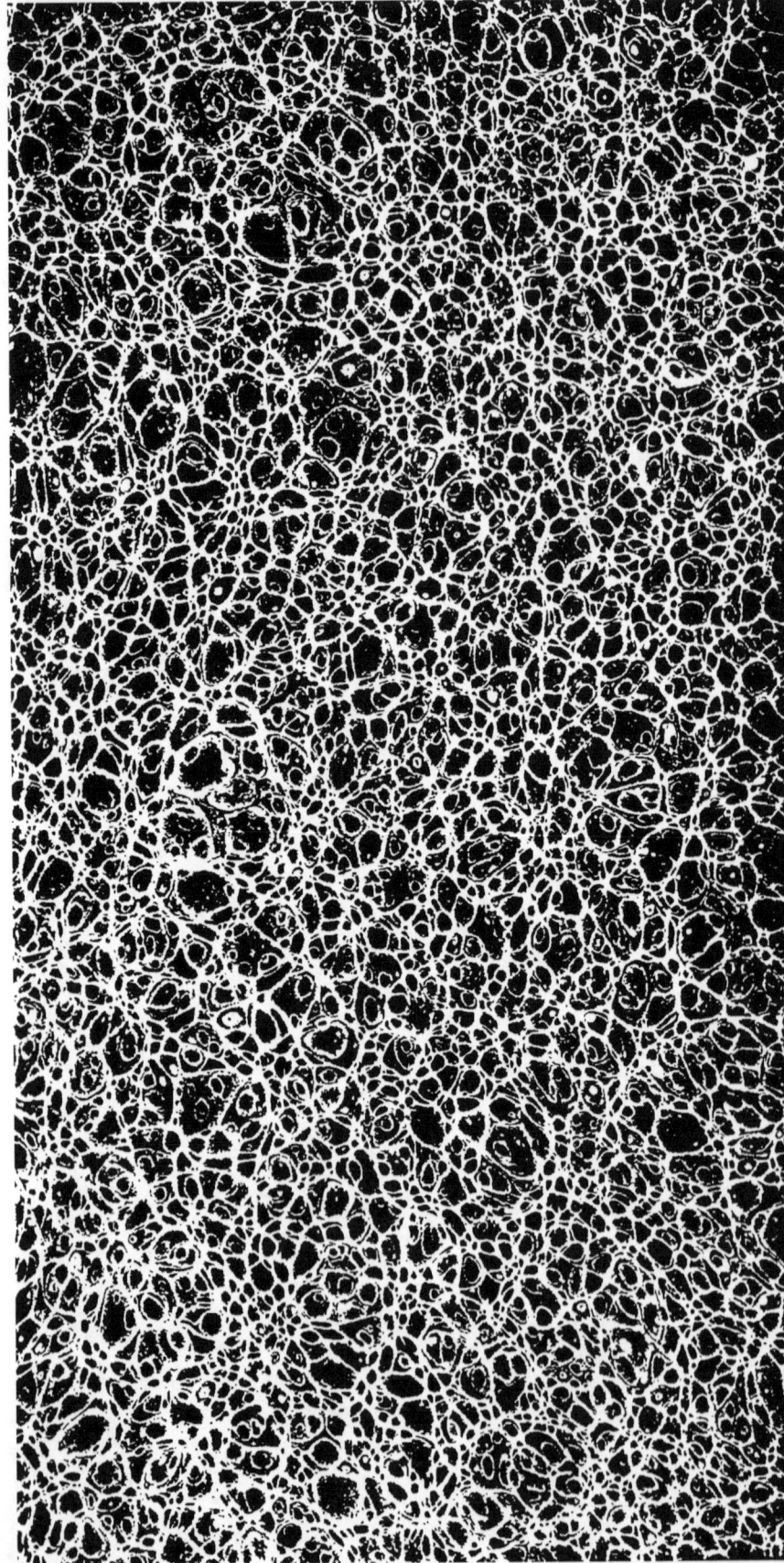

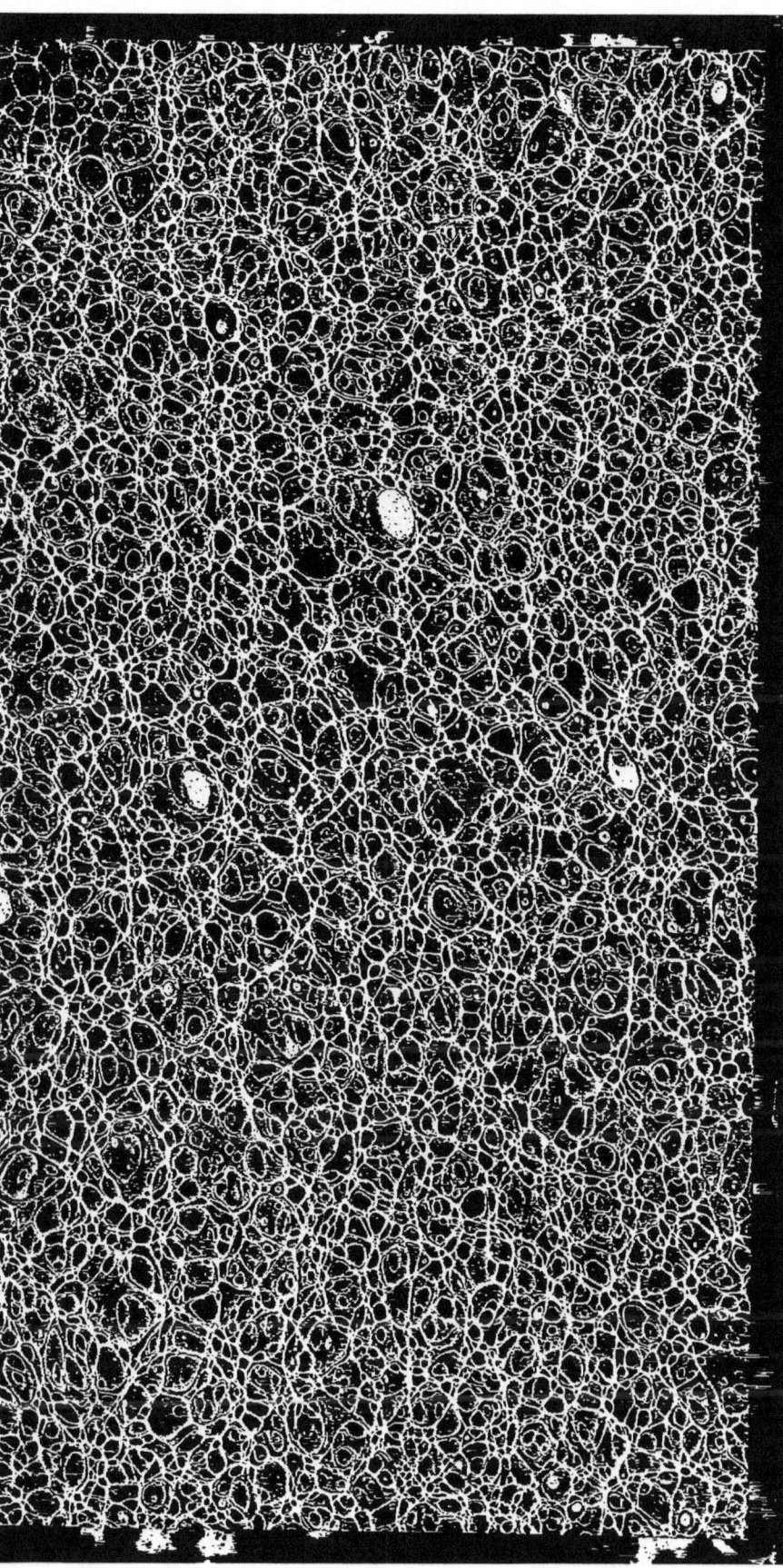

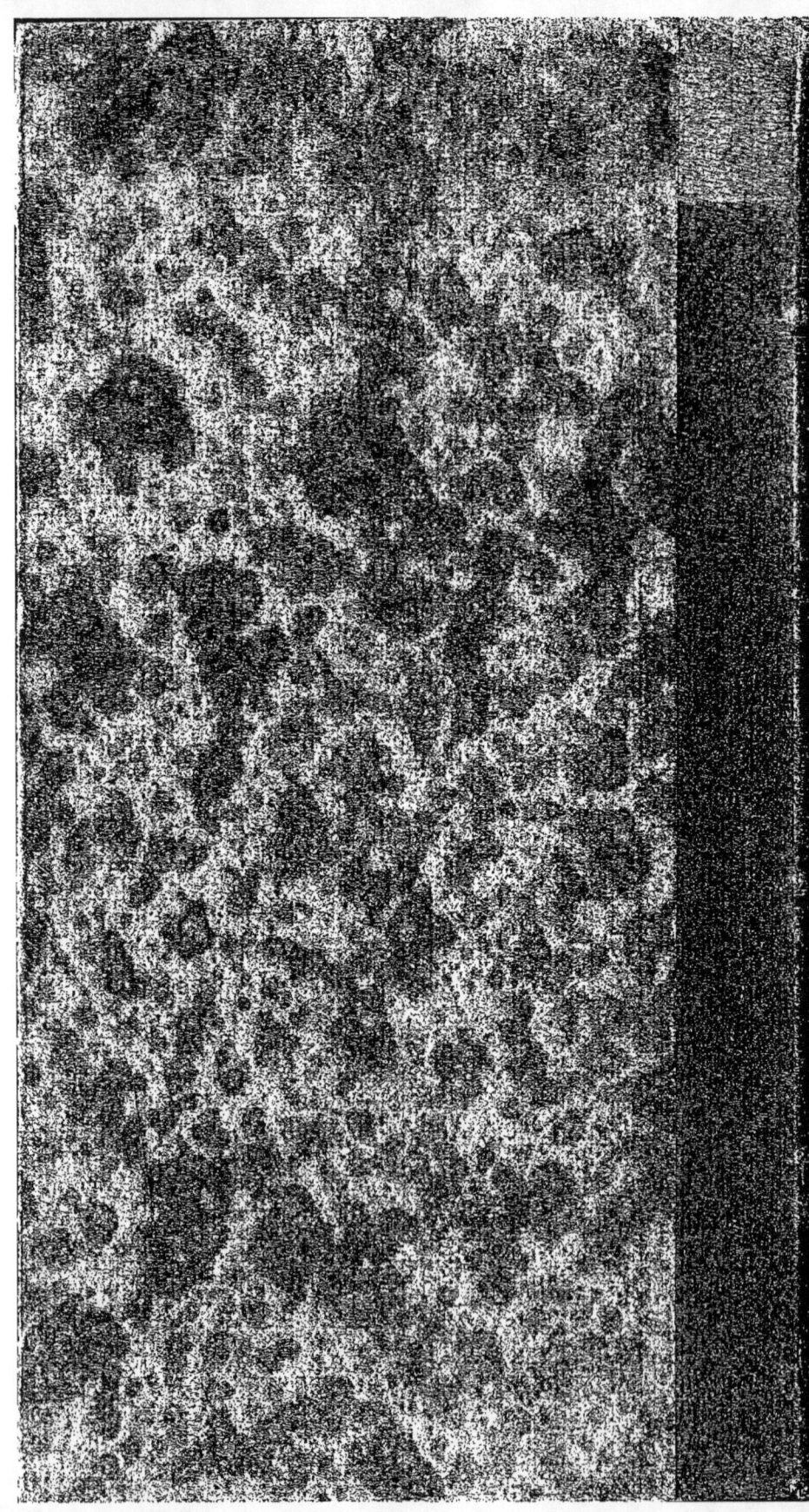

www.ingramcontent.com/pod-product-compliance
Lightning Source LLC
Chambersburg PA
CBHW072015150426
43194CB00008B/1117